1500 km zu Fuß auf Pilgerwegen durch Skandinavien

Christian Thumfart

Titelbild: Glaskathedrale in Hamar (Norwegen)

Verwendete Literatur, Unterlagen und Quellen

Bikeline-Radtourenbuch Heerweg / Ochsenweg, Von Viborg nach Hamburg

Verlag Esterbauer GmbH

Übernachtungsverzeichnis Jakobsweg: Via Jutlandica, www.fernwege.de

Ab der dänischen Grenze:

https://www.haervej.de/

Herbergen: https://www.haervej.de/ochsenweg/planung/oldherbergen-am-ochsenweg-haervejen

Nur in dänischen Buchhandlungen gibt es Karten mit eingezeichneten Einfachunterkünften wie:

Teltplads (Zeltplatz),
Overnatningssteder (Primitiv-Übernachtungsplatz)

Kartenbeispiel: Cykelkort Danmark Map – Radtouren „Nordjylland" 1:100.000

Olavsweg:

Outdoor-Handbuch Band 369 Norwegen: Oalvsweg von Hanna Engler *****5

Terra PilgerReiseführer Olavsweg Pilgern in Norwegen von H. + R. Weyer ***3

Der Olavsweg Pilgerführer **von Hamar nach Trondheim** von Bernd Lohse **2

https://pilegrimsleden.no/ norwegisch und englisch ****4

https://www.olavsleden.de/ ***3

jeweils mit aktuellen Unterkünften und Etappenplänen

https://pilegrimsleden.no/en/

mit Informationen zu allen Olavswegen z.B. dem Romboleden

In Schweden:

Outdoor-Handbuch Band 18 Schweden: Kungsleden

Fernwege.de: Der südliche Kungsleden; Von Storlien nach Sälen Schweden

Beide Wanderführer beschreiben die Tour allerdings von Süd nach Nord

1500 km zu Fuß auf Pilgerwegen durch Skandinavien

Auf dem Jakobsweg rückwärts nach Norden,

Ziel Trondheim

Heerweg / Ochsenweg durch Dänemark

Olavsweg durch Norwegen nach Trondheim

und weiter auf dem Romboleden und dem

südlichen Kungsleden in Schweden Richtung Vadstena

Christian Thumfart

Mein herzlichster Dank gilt meinen Lieben zuhause, die mich ein weiteres Mal ziehen ließ, besonders Sohn Jan, der mich auf dem zweiten Abschnitt die ersten Wochen begleitete.

Bibliografische Information der Deutschen Nationalbibliothek:
Die Deutsche Nationalbibliothek verzeichnet diese Publikation in der Deutschen Nationalbibliografie; detaillierte bibliografische Daten sind im Internet über http://dnb.dnb.de abrufbar.

Bilder vom Verfasser

Herstellung und Verlag: BoD – Books on Demand, Norderstedt

ISBN: 978-3-7534-0757-9

Auf Pilgerwegen durch Skandinavien

Nachdem ich 2009 von Mosbach nach Santiago de Compostela gepilgert bin, habe ich „Blut geleckt" und trotz erheblicher Schwierigkeiten vornehmlich mit den Füßen, will ich es 2014 nochmal wissen und breche auf zu einer 2000 km langen Pilgerwanderung zum Hl. Olav in Trondheim (Norwegen) und der Hl..Birgitta von Schweden in Vadstena (Schweden) und folge somit dem Jakobsweg bis Trondheim in rückwärtiger Richtung. Die letzten Km bis Vadstena und dann nach Deutschland soll es mit öffentlichen Verkehrsmitteln gehen.

Christian Thumfart

<u>Mein vorgesehener Pilgerweg:</u>

Hamburg – Wedel (Beginn des Ochsenweges, später Heerweg durch Dänemark)
Vieborg / Dänemark (erster Abschnitt des Haervejen (Heerweg)
Frederikshavn / Dänemark über Skagen am Skagerrak
Oslo / Norwegen (Beginn des Olavsweges) nach Trondheim (früher: Nidaros)
Trondheim (über östliche Olavswege an die schwedische Grenze)
Storlien nach Sälen /Schweden unterwegs auf dem südlichen Kungsleden (Königsweg)
Vadstena / Schweden (Wirkungsort der hl. Birgitta von Schweden)
Trelleborg / Schweden per Fähre nach Sassnitz auf Rügen (Deutschland)

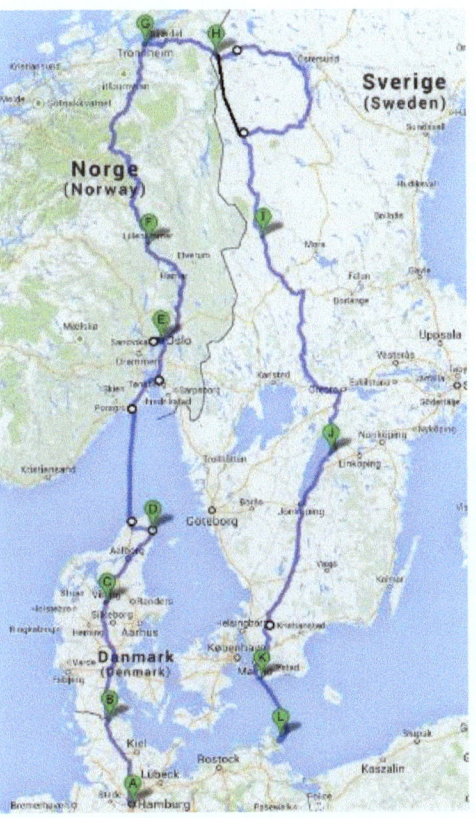

Mein Tagebuch

16.05.2014

Das Loslassen und Weggehen fällt mir sehr schwer. Ich lasse einige „offene Baustellen" zurück.

17.05.2014Es geht nach der Feier der Diamantenen Hochzeit meiner Eltern mit dem Zug 21:34 Uhr ab Mosbach-Neckarelz via Mannheim, Mainz nach Hamburg, Ankunft 7:15 Uhr. Ab Mainz ist der Zug proppevoll. Ich habe zwar eine Platzreservierung, aber die Unterbringung meines Wanderanhängers gestaltet sich im IC sehr schwierig.

18.05.2014

Nach einem schönen Frühstück an der Außenalster besuche ich um 10 Uhr einen evangelisch-

lutherischen Gottesdienst in der Hamburger Hauptkirche St. Jakobi mit dem Pilgerpastor des Nordens Bernd Lohse, der mir danach an der Jakobus-Statue den Pilgersegen erteilt. Lohse hat den ersten Pilgerführer für den Olavsweg von Hamar nach Trondheim geschrieben. Mit der S-Bahn nach Wedel wo ich um 14 Uhr bei der Figur des „Roland von Wedel" auf dem Ochsenweg starte. In Deutschland ist dieser Weg als Radweg markiert und als Führer habe ich das Radtourenbuch von Bikeline „Heerweg – Ochsenweg und ein Unterkunftsverzeichnis von „Fernwege.de – „Übernach-tungsverzeichnis Jakobsweg: Via Jutlandica" dabei.

Für Dänemark existieren unter www.haervejen.de Kartenausschnitte, Herbergsverzeichnis und App´s für Smartphone.

In Wedel finde ich den Einstieg in den Weg nicht und gehe entlang der Bundesstraße bis Uetersen (15 km), wo ich für 48,- € im Hotel am Markt übernachte. Das Wetter: erst sonnig schön, später kalt, in Uetersen leichter Regen. Um 19 Uhr gehe ich zu Bett, habe ich doch die Nacht zuvor im Zug kein Auge zugemacht.

19.05.2014

6:30 Uhr aufstehen, 7:30 Uhr Start über Naturschutzgebiet „Liether Grube", erste Pause, tausende Frösche quaken. Das NSG ist ein sehr interessanter geologischer Aufschluss (Salzstock), wo bis 1960 Kalk-Gips, Erze und Kupferschiefer abgebaut wurde. Beim Parkplatz befindet sich ein schöner Wohnmobil- Schlafplatz. 11 Uhr Frühstück in Elmshorn (11 km – 7,- €), finde wieder nicht den richtigen Weg und gehe viele km entlang der Straße über Horst nach Hohenfelde (19 km). Die beschriebene Unterkunft gibt's nicht mehr, die angesagte vor Steinburg finde ich nicht. Im 3 km entfernten

Der Ochsenweg wurde auch von Pilgern genutzt
(Deckblatt eines mittelalterlichen Pilgerführers).

Der Ochsen- oder Heerweg
zwischen Viborg (DK) und Wedel an der Elbe

Lägerfeld (südl. Ortsteil Rethwisch) findet sich im Hof Witte für 20,- € ein schönes Zimmer. 1. Blase re. Fußsohle zwischen Zeh 1+2 aufgeschnitten.

20.05.2014

7:30 Uhr Start, Frühstück in Hohenlockstedt (7,- €), Mittagspause am Lohmühlensee (18 km), telefoniert mit der im Führer beschriebenen Pension in Peissen; dort angekommen gibt´s die nicht – sie ist erst im nächsten größeren Ort 12 km entfernt. Aber hier gibt es eine Bett+Bike Unterkunft, wo ich für 18,- € einschl. Abendbrot übernachte (27 km). 2. Blase li. Ferse außen, aufgeschnitten. Heute bin ich weniger an Straßen, oft auf asphaltierten Feld- bzw. Spurwegen, zwischendurch mal auf richtigen Sand- /Waldwegen gegangen.

21.05.2014

7:20 Uhr Start, Frühstück in Hohenwestedt (12 km). 10:30 Uhr mit dem Bus nach Rendsburg (35 km). 12:30 Uhr kann ich mein Gepäck an der B&B-Pension Antje abstellen und in die Stadt an der Außeneider gehen. Ich kaufe mir noch ein Paar Socken, Blasenpflaster, Desinfektionsmittel, später 70% Alkohol-Hederich, da auf dem Desinfektionsmittel die Pflaster nicht haften. 3. Blase li. Fußsohle zw. 1+2 Zeh (wie 1.). Feststellung: Die Blasen sind genau an der Aufwölbung meiner orthopädischen Einlagen. Folglich habe ich diese mit dem Taschenmesser bzw. der kleine Schere daran, „weggeschnitzt". Abendessen (28,- €) an der Schiffsbegrüßungsanlage / Schwebefähre am Nord-Ostsee-Kanal, der am meisten befahrenen Wasserstraße der Welt. 8 km Stadtbummel.

22.05.2014

7:15 Start. Den Abkürzungsweg aus der Stadt finde ich nicht (Stadtplan liegen lassen). Heute sind über 80% der Wege unbefestigt, z.T. auf den historischen „Ochsentriften" mit schönen Rastplätzen, Erläuterungen, die ersten „Ochsenhörner" (bei Oxschlag). Dort Mittagspause nach 14 km. Der Weg ist wunderschön, sehr gut für die Füße, im Sand allerdings ein größerer Rollwiderstand für´s

„Wägeli" (Wanderanhänger). Zuvor an einer Infostelle „Pilgern am Ochsenweg" bin ich auf Kirchen aufmerksam geworden. Im Internet finde ich die ev. Kirchengemeinde von Kropp, meinem Etappenziel (die Gemeinde hat sogar einen Ochsen im Wappen), rufe an und erhalte die

Zusage für eine Übernachtung im Gemeindehaus. Der Pastor ist ab 16 Uhr da (Gepäck abstellen), ab 18:30 Uhr steht der Raum zur Verfügung. In der Volksbank will ich Geld abheben und dänische Kronen eintauschen, was mir aber, da kein Kunde der örtlichen Bank, nicht gelingt. 18:30 Uhr lässt mich der Pastor in einen Gruppenraum des Gemeindehauses mit Teppichboden, einem großen WC mit w + k Wasser; mein erstes Lager mit Iso-Matte (selbstaufblasend) und Schlafsack bzw. wegen der Wärme im Raum genügt nur der leichte Innensack. 10,- € Spende. Noch nicht richtig einquartiert kommt ein Gewitter nach dem anderen mit Starkregen und Hagel. Das geht so die ganze Nacht, das letzte donnert früh gegen 6 Uhr los. Zur gleichen Zeit kommt im Gemeindehaus die Putzfrau, die ganz toll erschrickt, als sie mich da liegen sieht.

23.05.2014
ab 7:30 Uhr hellt es auf und ich verlasse im Trockenen das Haus. Es bleibt den ganzen Tag schön, nur das ewige „rechte Winkel-laufen" um die Felder und der Krach von startenden Düsenjets vom Militär-flugplatz Jakel, den ich gefühlt umrunde, nervt gehörig. 6 km vor Schleswig kommen doch noch Pfützen / halbe Seen auf dem Weg. Bei der Letzten reicht die Höhe meiner Halbschuhe nicht aus und ich bekomme nasse Füße, Socken, Einlagen, Schuhe. Ich will nicht Gefahr laufen mir noch mehr Fußprobleme zu holen, daher ziehe ich an der Querung der A 7 die schweren aber trockenen Wanderstiefel einschließlich trockener Socken an. Die weiteren Wege sind tief aufgespült; hier muss es letzte Nacht heftig gewütet haben. In Schleswig zur Tourist-Info, ich will abends noch mit dem Bus bis Flensburg fahren. Dort rufe ich bei Backpacker´s Inn an – nichts mehr frei – also bleibe ich in Schleswig, reserviere in der Jugendherberge, schaue Dom und Altstadt an und werde auf dem Weg zur Juhe noch richtig nass. Ob ich wegen des Abendessens die Juhe verlasse, weiß ich noch nicht. Es regnet kräftig und ich will morgenkeine nassen Kleider einpacken. Juhe Einzelbelegung eines 4er Zimmers einschl. Bettwäsche und Frühstück: 32,-€. Der Regen hört auf. Es hat stark abgekühlt; gehe Abendessen (18,- €). 20 Uhr Bettruhe. Habe die Nacht aber lange nicht gut geschlafen.
Mein Zimmer liegt direkt über dem Haupteingang (identisch mit der Raucherecke) und da heute jeder Erwachsene (ab 18 Jahren) einen Haustürschlüssel für die Juhe bekommt, war die ganze Nacht (3:30 Uhr hörte ich´s noch) Krach und Unterhaltung dort.

23.05.2014
7:30 Uhr Frühstück, 8:45 Uhr mit dem Bus nach Flensburg (7,40 €), weiter 10:10 Uhr nach Patborg / Grenze (4,40 €). 10:40 Uhr in Dänemark angekommen.

<u>*Fazit: Wandern in Deutschland*</u>
Wieder bestätigt sich meine Erfahrung zum Pilgern in Deutschland. Die Unterkünfte sind sehr teuer – ein Herbergssystem wie in Frankreich, Spanien, Dänemark, … gibt es nicht – und die Wege sind gerade hier in Norddeutschland unheimlich lang, da oft große Feld- / Waldlagen rechtwinklig durch-wandert werden müssen, was bedeutet, dass man sehr viel quer zur eigentlichen Wegrichtung unterwegs ist, also nach Osten oder Westen, statt nach Norden geht.

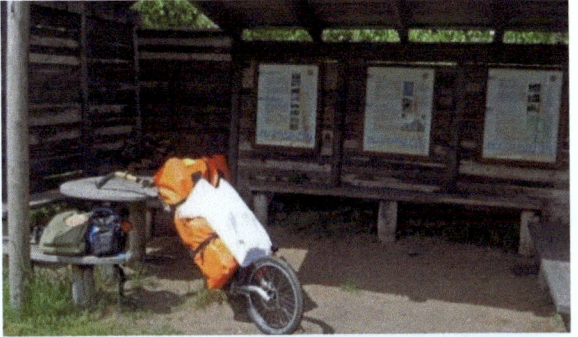

<u>Weiter in Dänemark.</u>

Ich hole Geld am Bankautomat und los geht's im ersten Ausland auf meiner Tour. Nach der Stadt und ihren Industriegebieten und Autohöfen an der A 7 wird es gemütlich. Zwar auch hauptsächlich auf Asphalt aber kaum begleitender Verkehr oder weg von den Straßen und es geht fast ausnahmslos Richtung Norden. Ich wandere durch „Froslevlejren" einem ehemaligen deutschen KZ im annektierten Dänemark. Heute sind dort verschiedene Museen untergebracht. Nahe der „Gejla Bro" (historische Brücke bei Gejla) gibt es ein sicher sehr interessantes Naturgebiet und einen „Naturzeltplatz". Der ist

sogar gut ausgeschildert (ca. 200 m vom Parkplatz der Gejla Bro) und liegt toll im Wald mit Pilgerhütte, Plumpsklo und Wasserhahn. Es ist 14:45 Uhr. Ich habe ja ein Ein-Mann Zelt dabei und will – um Kosten zu sparen – öfter zelten. Also ist die Frage: hier bleiben oder eine Herberge?

Die Herberge ca. 5 km weiter anrufen, wenn man mich dort versteht und ein Bett hat, gehe ich da hin. Angerufen, nett auf Deutsch eingeladen und willkommen geheißen. So wird es nichts mit dem ersten Zelten, es ist ja auch noch früh am Tag und die 5 km zur Herberge wären morgen zur Etappe mit 26 km sehr lang. Ich gehe der Straße entlang; kürzester Weg und bin 16:20 Uhr da: Herberge Lindely südwestlich von Kliplev.

Ein sehr herzlicher Empfang. Tolle Herberge in ausgebauten Stallungen eines ehemaligen Bauernhofes inmitten der Feldflur mit 36 Betten, bestens ausgestatteter Küche und Sanitäranlagen einschl. Waschmaschine und Trockner. Die Hausleute wollen über Sonntag wegfahren, übergeben mir quasi die ganze Herberge, richten noch ein Abendessen mit allem was die Küche bietet für 150 DKK. Ich gebe 200,- Dkr und bin alleine, mache große Wäsche, da toll die Sonne scheint und es eine große Wäscheleine gibt, sitze draußen im Garten, esse, faulenze im Liegestuhl bei einem Bier, lasse es mir toll gut gehen und bade in der Sonne. Nachdem ich Blase 1 (aufgeschnitten und immer noch abgeklebt) und Blase 3 (zugelassen, nichts gemacht) nicht mehr spüre, plagt mich nur die Blase 2 an der li. Ferse. Die hatte ich mit Blasenpflaster abgeklebt und da dessen Ränder nicht hielten, die dann noch mit

Leukoplast überklebt. Jetzt habe ich beides entfernt. Darunter die Haut ist ganz weiß und die Blase rappelvoll. Als ich reinschneide spritzt es über einen Meter weit. Morgen werde ich sie wahrscheinlich auflassen.

Sonntag, 25.05.2014

Geplant ist ein Ruhetag, habe ich mir doch fest vorgenommen, dieses Mal jede Woche mindestens einen Ausruhtag einzulegen um die Strapazen etwas zu mildern. Ich will mit dem Fahrrad der Vermieter nach Kliplev zur Wallfahrtskirche fahren, danach den Weg zurück an das Naturgebiet, wo ich gestern vorbeikam. Nur Viktor, der Hofhund spielte nicht mit. Der Schuppen in dem das Fahrrad stand war sein Revier, mit Fressen, Trinken, Decke, etc. und so verteidigte er diesen zähnefletschend. Nun, da das Wetter auch nicht gemütlich ist, sondern trüb und kalt, beschließe ich doch, weiterzulaufen. Eigentlich will ich den Umweg von 4 km über die Kirche gehen, aber als der Abzweig kommt, habe ich hierzu auch keine Lust mehr. Da Sonntag ist kann ich auch in Gottes schöner Natur still und andächtig beten. Heute ist fast alles fester Kies-/ Sandweg und es geht toll vorwärts. Unterwegs kaufe ich noch Verpflegung (50,-DKK). Hier haben die Supermärkte auch sonntags geöffnet. 8:45 Uhr bis 15:45 Uhr mit Pausen. 7 Stunden für 26,5 km bis zur Herberge in Öster Logum. Hier wieder umgebaute Stallgebäude, die ältere Frau spricht deutsch. Ich schlafe super gut und wache erst auf, als die Sonne durchs Fenster in mein Bett scheint.

Montag, 26.05.2014

Heute hapert es etwas mit der Planung. Die nächste Etappe ist nur 19 km lang, in bin 12:15 Uhr schon da (Torning´s Mühle). Hier mache ich Mittag, esse den Rest Käse mit Brot. Zuvor habe ich am See bei Vedsted bereits eine längere Pause eingelegt. Die Wege heute: Asphalt, Kies-Sand, Sandboden, Waldwege und Graswege mit meterhohem Bewuchs. Nach der Mittagspause beschließe ich bis Vojens weiter zu gehen (7 km) – ein sehr schöner Weg und für Dänemark bisher untypisch, geht es auf und ab. In Vojens vertue ich mich, weil ich den „Fußgänger"-Wanderzeichen zu lange folge, diese aber um die Stadt herum führen. Ich will aber zum Bahnhof/ZOB. Das mit den Wanderzeichen sei noch kurz erklärt. Auf vielen Strecken sind Wanderer- und Radfahrerwege nicht identisch, da Radfahrer auch länger an großen Straßen fahren können (meist gibt´s dort Radwege) – was Fußgänger nicht so mögen – umgekehrt sind für Radler die Kies- Sand-/ Sand-, Graswege sicherlich der Horror. In Vojens will ich schauen, ob ich mit dem Bus eine oder 2 Etappen weiterkomme, je nachdem,

wo ein Bus in der Nähe der jeweiligen Zielherberge anhält. Nachdem mich ratlos dastehend ein vorbeifahrender Radler auf den richtigen Weg bringt – die umgekehrte Richtung ist richtig – komme ich wohl gerade an, als der entsprechende Bus abfährt. Hier gibt es keine Fahrpläne mit Zwischenhalten wie bei uns, sondern es steht zu den jeweiligen Liniennummern und Abfahrtszeiten nur die Endhaltestelle da. Nach vielem Rumfragen bei den div. Busfahrern/innen ist dann zwar die Linie richtig (138) aber der besagte Bus fährt in die entgegen gesetzte Richtung. Jetzt kapiere ich auch den Fahrplan und kann rauslesen, dass ein Bus in meine Richtung 15:53 Uhr abfährt. Ob der allerdings nahe meinem ersten Etappenziel anhält, kann mir niemand sagen, am zweiten schon. Also löse ich eine Karte für 40,-Dkr bis Skodborg, von dort sollten es, wenn ich die richtigen Feldwege finde, noch ca. 3 km zur Herberge sein, was sich bewahrheitet. Ankunft 18 Uhr, 29 km, Herberge Kongeäen.

Vorher in Skodborg finde ich auf die Schnelle den Supermarkt nicht und decke mich daher an einer Tankstelle mit Fanta, Snickers + Käse ein. Am Ortsausgang, wieder in einer kritischen Situation, kommt wieder ein Radler und bietet mir eine Karte vom Ort an. Ich bin ja nicht mehr auf dem markierten Weg und muss folglich kleine Straßen und Feldwege selber finden, da die Wege entlang der Landstraßen viel zu weit sind. Seine Karte ist allerdings schlechter als meine und so lasse ich mir von ihm nur den nächsten Abzweig von der Landstraße bestätigen und suche und finde dann meine Feldwege und schlussendlich wieder den Wanderweg, der mich zur Herberge bringt; ca. 1 km vor der Brücke „Frihedsbroen". Das Herbergszeichen ist da, weit hinten fräst ein Mann im Garten, die Herbergstür ist offen, ich stelle mein Wägli ab und gehe zur Tür des Hauses. Niemand da. Also geh ich zum Fräser im Garten, der sagte nur: „Go in". Ich rein in die Herberge (Enrike vom Jakobsweg würde sagen: „Pilger-Hilton mit 5 Sternen"). Alles top sauber, wie neu, Schlafboxen mit je 2 Stockbetten – mit Vorhang abtrennbar, saubere WC´s, Duschen schön heiß, Waschraum, Küche mit allem was man braucht, einschl. div. Lebensmittel und Getränke im Kühlschrank bzw. Fertiggerichte im Gefrierschrank. Außen klebt eine Preisliste, daneben steht eine Holzkiste mit Briefumschlägen, in die das Geld einfach reingelegt wird. Es ist alles so eingerichtet, dass man kommen, essen und schlafen, bezahlen und morgens wieder gehen kann, ohne evtl. Kontakt mit den Wirtsleuten zu haben. Ich glaube, da ist Dänemark einmalig in Europa. Hier stehen Gebäude offen, die erhebliche Werte beinhalten und oft ist niemand anwesend.

Dienstag, 27.5.2014

Nachdem mich wieder die Sonne durchs Fenster weckt, mache ich mich fertig und verlasse ca. 7:40 Uhr das Haus, ohne von den Wirtsleuten noch was zu sehen. Ich gebe 100,- DKK fürs Übernachten + 45,- DKK für 2 Bier und etwas Käse aus dem Kühlschrank in die Holzkiste. In Askov tue ich mich schwer mit der Orientierung. Teilweise fehlen die Schilder an den Pfosten, aber nach vielem Fragen finde ich den Weg und spüre ganz heftig meine rechte Ferse. Gleich nachgeschaut: Blase 5. Ich versuche es nochmal mit Blasenpflaster und einem schmalen Streifen Leukoplast über dem Rand, der nicht haften will. Nach 7 km bin ich in Vejen, dort nehme ich, wie im Führer empfohlen, den Bus bis Bäekke, da diese 10 km Weg genau neben der Bundesstraße verlaufen. Diesmal finde ich gleich den richtigen Bus und der fährt auch 25 Minuten später. Aus Bäekke raus fühle ich mich richtig gut. Erstmals habe ich den Gedanken, sinnvoll unterwegs zu sein. Ist es wegen des 10. Tages oder weil ich mich jetzt richtig „in der Fremde" fühle. Wie ich so darüber philosophiere und mein Kopf frei wird, habe ich einmal nicht aufgepasst und bin links statt rechts gegangen. Da in der Regel keine Wiederholungs-Wanderzeichen kommen, wenn der Weg gerade ist und keine zweifelhaften Abzweige da sind, merke ich erst nach einigen km, dass ich falsch bin. Nachdem kein Autofahrer an der erreichten

Landstraße anhält, muss mir jetzt erstmals das Smartphone-GPS meinen Standort bestätigen. Ich bin viel zu weit westlich vom richtigen Weg. Umkehren kommt nicht in Frage und da mein Kartenausschnitt bis hierher reicht, suche ich nach Wegen, die mich in nordöstlicher Richtung wieder an den Pilgerweg bringen, was mir auch gelingt, obwohl die Kartenausschnitte 1:75.000 nicht gerade leicht zu lesen sind.

Ich treffe bei Filling auf den Radlerweg, der Wanderweg ist nochmal 4 km östlicher und bringt keinen Vorteil. Ich folge dem Weg, lege ca. 4 km vor dem Ziel noch eine größere Pause ein, verzehre 2 Äpfel und finde Blase 6 re. am großen Zeh außen. Außerdem schmerzt mein rechtes Schienbein. Es hat oberhalb des Risses eine dicke rote Stelle. Gegen 16 Uhr erreiche ich die Herberge Olgard und habe statt der 21 km doch 24 oder 25 km hinter mich gebracht. Auch hier wieder ein tolles Haus, mitten in der Pampa mit gr. Herberge (32 Betten) und 17 Zimmern. Für den Elektroherd mit der Touchfeldbedienung bin ich zu dumm, so dass es nicht die Spagetti mit Tomatensoße gibt, die ich in Bäekke gekauft habe, sondern wieder Käsebrot mit großer Salatgurke. Hier auf dem Hof sitzend fährt ein Wagen mit deutschem Kennzeichen vor, ein deutscher Gipser, der in DK arbeitet und hier ein Zimmer hat (verdient in DK wohl das Doppelte). Ich unterhalte mich sehr gut, bis der kalte Ostwind uns reintreibt und die dunklen Wolken am Himmel hoffentlich forttreibt. Der Herbergswirt spricht deutsch. Nur der Wirt heute Morgen und der Busfahrer gestern verstanden mich bisher nicht, aber man „verständigt" sich.

Mittwoch, 28.05.2014

Erstmals schlecht geschlafen, der Raum unterm Dach wird tagsüber von der Sonne erhitzt, außerdem wird geheizt – im Hof steht ein riesiger Holzkessel, der sicherlich mehrere Festmeter Holz auf einmal schluckt. Da es gestern Abend schon kalt war, ziehe ich gleich die Hosenbeine und den Pulli an. Aber kaum einige Meter vor der Tür mache ich kehrt und ziehe die dünne „langärmlige" und zu Langarmhemd noch Unterhemd, Pulli und Jacke an. Später krame ich auch das Stirnband hervor. Bisher hatte ich ja immer blau-weißen Wölkchenhimmel mit i.d.R. Sonnenschein, morgens bald 20 Grad und tagsüber 22-25 Grad. Und heute, den ganzen Tag nicht mehr als 12 Grad und eine steife Brise aus Ost/Nordost.Da heut NO meine vornehmliche Marschrichtung ist, kommt der kalte Wind ziemlich gemein von vorne rechts.

Wie das Wetter ändert sich auch die Landschaft. Aus der von Menschen geformten topfebenen Agrar-/und Forstlandschaft mit rechtwinkligen Schlägen und Forstplantagen wird nun eine hügelige naturnahe Wald-/Weidelandschaft mit mäandrierenden Flüsschen, sumpfig-moorigen Niederungen und sandig-trockenen Hügelflanken. Die ersten Orchideen sind zu entdecken und statt der bisher nur vorkommenden Allerwelts-Vogelarten höre ich jetzt einen Schwirl, div. Rohrsänger und Baumpieper. An größeren Vögeln gab´s bisher mal nen Turmfalken, viele Ringeltauben und Nebelkrähen. Der Weg von Spjarup bis Hardladskaer Fabrik ist einmalig schön. Man könnte die Räder in Bindeballe Köbmandsgärd abstellen, von Spjarup bis hierher laufen und dann mit den Rädern nach Harladskaer Fabrik fahren und zurück zum Auto (Tal, wahrscheinlich ehemalige Bahntrasse).

12 Uhr Mittagspause bei Vingsted mit einem Rest Brot und Keksen, Dehn- und Streckübungen um warm zu werden, dann weiter. Die letzten 5-6 km, weil auch noch auf Asphalt, sind richtig hart und auf den letzten 2-3 km frage ich mich oft, was und weshalb ich das hier tue. Ankunft in Jelling, zuvor noch beim Wikingerschiff auf dem Färup-See Halt gemacht, durch einen Golfplatz und gefühlte …km durch Neubausiedlungen mit winzigen Doppelhäusern, einstöckig, aber riesige Garagen dabei und super große Grundstücke. Die Verhältnisse sind extrem gegensätzlich zu uns in Deutschland. Ich finde die Herberge etwas außerhalb der Stadt; man spricht deutsch – seit gestern weiß ich auch warum: Noch bis vor kurzem gab es im

dänischen Fernsehen nur Kultur- und Politiksendungen und zur Unterhaltung schauten die Dänen ARD und ZDF und lernten dabei deutsch.

Die Herberge öffnet offiziell erst zum 1. Juni, da aber ab morgen hier 4 Tage ein Musikfestival stattfindet, sind bereits heute einige Gäste hier und ab morgen ist sie ausgebucht. Wieder habe ich Glück mit meiner Etappenplanung. Einen Tag später wäre ich hier nicht untergekommen und jetzt bin ich das erste Mal nicht alleine. Zum „Glück" fällt mir noch ein: Es war heute kalt und windig, sonst hätten mich in den feuchten Tälern evtl. die Stechmücken drangsaliert. Jetzt sitze ich hier beim „Jelling-Monument" einer UNESCO-Welterbestätte, da hier die bedeutendsten Funde aus der Wikingerzeit und der damaligen Christianisierung und Königsreichsgründung DK´s gefunden wurden. Ein beeindruckender Ort mit zwei riesigen, königlichen Grabhügeln, einer 9 der andere 12 Meter hoch – vom ersten christlichen Wikinger-

/Dänenkönig und dessen Sohn. Dazwischen steht die Kirche auf historischem (Wikinger-) Boden und um das Ganze ist eine dem Original nachempfundene, zweireihige Pallisadenreihe als Schiffsdarstellung mit einem Durchmesser von über 320 m, die sich bis in die heutige Stadt zieht. Das Tagebuch schreibe ich hier, weil es in der Unterkunft sehr kalt ist und hier ab und an die wärmende Sonne durch Wolkenlücken scheint; angezogen bin ich ganz warm, wie den ganzen Tag. Langsam zieht der Himmel wieder auf und hie und da ist schon der blau-weiße Wölkchenhimmel zu sehen. Vielleicht wird´s morgen wieder schön; Hauptsache kein Regen. Abends kann ich meine Spagetti kochen, dazu gibt es fertige Frikadellen.

Donnerstag, 29.05.2014

Heute will ich eine halbe Etappe mit dem Bus fahren, wobei ich gestern schon ewig gesucht habe, wann und wo der Bus wegen einer Baustelle überhaupt abfährt. Nachdem ich die Nacht sehr schlecht geschlafen habe, mein Zimmerkollege entdeckte abends noch ein großes Warmluftgebläse im Giebel und schaltete die krachmachende Heizung ein. In meiner Ecke erzeugte sie nur echt kalte Zugluft. Ich stehe schon sehr früh auf, der Bus sollte 7:55 Uhr fahren, da fällt mir ein, dass heute ja auch in DK Feiertag (Himmelfahrt) sein könnte. Mein Bettnachbar bestätigt dies und stellt auch gleich per Smartphone fest, dass der erste Bus erst 2 Stunden später fährt. Da ich dann die vorgesehenen 1 ½ Etappen nicht mehr schaffe und auch mein rechtes Schienbein vom Knöchel bis zur Wade geschwollen ist, werde ich die 17 km Etappe machen und den Nachmittag rumhängen.

Der Weg aus Jelling heraus ist schwer zu finden. Wanderzeichen fehlen, Straßen sind zurück-/bzw. eine Umgehungsstraße neu gebaut und in meiner Karte noch nicht verzeichnet. Aber Smartphone und Navi bestätigen wieder meine Position und so finde ich dann irgendwann auch wieder das Wanderzeichen. Die Streckenplaner dieser Etappe wollen wohl unbedingt, dass man auf wenigstens 17 km kommt und so verläuft die Strecke im Zick-Zack, rechtwinklig und in großen Bögen durch die hauptsächlich landwirtschaftlich geprägten Fluren. In den vielen Gehöften hier in der Fläche, egal ob noch landwirtschaftlich genutzt oder nicht, gibt es noch viele Mehl – und Rauchschwalben. Die Zweiten brüten hier auch in Scheunen und Maschinenhallen, ihre Napfnester kunstvoll an die Dachsparren geheftet. Gegen 13 Uhr erreiche ich Kollemorten, wo das „Heerwegcenter (Haervejscenter)" 6 Hütten mit 24 Betten zur Verfügung stellt (zum Preis wie die Herbergen = 80,- DKK). Duschen und WC´s sind in einer alten Schule daneben, Küche und Aufenthaltsraum in einer großen Baracke. Da niemand außer 2 Gästen da ist, telefoniere ich und binnen 5 Minuten kommt der Betreuer, der aufschließt, alles zeigt und kassiert (gebe 100,- DKK). Nach dem Duschen mache ich einen Arnika-Fluid Umschlag um mein rechtes Unterbein und schneide gleich die Blase 7 auf, re. Sohle neben der alten, hinter der 3. Zehe. Das Wetter heute Morgen frisch, der Himmel grau bis dunkel, ab und an ein blauer Fleck, den die Sonne aber selten traf. Zum Mittag wurde es heller und wärmer, jetzt, am Abend herrscht strahlblauer Himmel, die Sonne sticht aber im Schatten ist es sehr kalt.

Nochmal kurz zum „Hüttendorf". Ich habe eine kleine Zweimann-Hütte mit re. und li. einer Pritsche, mit abklappbarer Matratze und hinten ein Bord für Utensilien und einen Stuhl. Mein Wägli passt mit etwas drücken gerade so durch die Tür und innen auf eine der Pritschen. Sonst hätte ich die Tasche abnehmen und reinholen und das Fahrgestellt draußen lassen müssen. Vor mir ist bereits ein amerikanisches Paar da, sie bleiben evtl. länger, da sie Probleme mit der Ferse hat. Eben kommen noch 2 junge Frauen mit Fahrrädern und im Anhänger einem Hund. Die Zweier-Belegungen haben 4-Mann-Hütten, etwas größer als meine, mit 2 Stockbetten drin und einer halb offenen Veranda. Zu dem Platz gehört auch noch eine Zeltwiese. Ich werde die nächsten Tage die Etappen wie vorgeschlagen machen. Sie sind dann eben sehr kurz aber vielleicht schwillt mein Bein so besser ab.

Freitag, 30.05.2014

Gestern habe ich unterwegs den ersten Wanderer getroffen, er geht von Viborg nach Padborg (von Nord nach Süd). Heute Morgen stehe ich erst um 8 Uhr auf und um 9 Uhr geht's los. Die Sonne scheint, aber es ist noch kalt. Nach 2 km auf einem Hügel, ganz alleine mit großem Friedhof, die Kirche Öster Nykrike. Von dort habe ich das erste Mal die Chance, etwas mehr dänische Landschaft auf einmal zu sehen und, um mit Ernst vom JW zu reden: „Do musst'd de Zeit nehme un ins Land einischau'n!" Ab hier geht es dann auch richtig durch Landschaft. Schöne Wege, Kies/Sand, Wald-/Heide- und Wiesenpfade oft schön gemäht und drum herum mal feucht mit Gräben, ab und an

die Sicht auf einen See, größere Heideflächen mit Wacholder und Traubeneichen- Nieder-Krüppelwäldern; das „Nieder" bezieht sich nicht auf die Wirtschaftsform „Niederwald" sondern auf den Wuchs. Der Wind und die mageren Böden halten die Bäume klein.

Hier sehe ich auch mal 2 Bussarde, 2 Reiher, einige Pieper, einen Rehbock ganz nah, ein kleine Blindschleiche und einen Rotmilan, natürlich viele Möwen und Ringeltauben. Auch kommt immer mal wieder ein Grabhügel (meist aus der Bronzezeit – 3.000 Jahre vor Ch.) und ab und an auch Landschaftsteile, die auf die Wikingerzeit hindeuten. Hier ist ein Wassergraben mit einer Aufschüttung am Ufer, auf der früher wohl Palisaden standen, so erklärt ein Hinweisschild. Die Wikinger hatten auch ihren Limes, nur wesentlich kürzer, da das Land ja nur schmal ist. Zu ihrer Zeit gab es nur den Jütischen Höhenrücken in der Mitte, der Rest war ungangbares Sumpf-/bzw. Marschland. Ein Wikingerkönig hatte sogar eine

Ziegelsteinmauer etwas weiter südlich quer durchs Land bauen lassen, ca. 10. Jahrhundert (Waldemar´s Mauer), vergleichbar mit dem Hadrianswall in England/Schottland. Im Umfeld finden sich „Kollemorten und Tinnet Krat" die größten zusammenhängenden Reste des ursprünglichen dänischen Waldes. Heute begegne ich auch weiteren Wanderern (von N nach S), 2 Ehepaaren die jedes Jahr 3 Etappen machen, etwas so alt wie ich, 4 Frauen und nochmals 2 (evtl. Mutter und Tochter). Die Graswege sind gemäht, nasse Stellen mit Bohlenstegen überbaut, der Wegeverlauf ist perfekt markiert und jetzt hier die Herberge Norhoved 7, deutschsprachig, mit Lebensmitteln im Gefrierschrank und Dosenmenüs. Ich mache mir eine dicke Nudelsuppe mit Rindfleisch und Gemüse aus der Dose (25,- DKK) und esse von meinen Vorräten Brot, Käse und Salami dazu. Bis jetzt (18:30Uhr) bin ich noch alleine, was so bleibt. 32 Betten hat die Herberge. Wie in fast allen anderen Herbergen werden auch Zimmer vermietet. Es würde sich sicher lohnen, wegen der Landschaft und Kultur nochmal herzukommen. Bei der Herberge ist auch ein schöner See.

Samstag, 31.05.2014

Nachdem ich jetzt 14 Tage unterwegs bin, habe ich das erste Mal richtig Sehnsucht nach der Heimat und meinen Lieben zuhause bzw. meinen Freunden und Bekannten. Daher stelle ich heute mein Tagebuch schreiben auf Kugelschreiber um und will versuchen, wieder den einen oder anderen Eintrag per Handybild nach Hause und an alle meine Ochsen-/Olavsweg-Begleiter (im Geiste) zu schicken.

Heute ist der erste Tag, an dem mich immer „Gottesgedanken" begleiten und mir dabei das Bedürfnis zur Mitteilung kommt. Ich lese jeden Abend einige Seiten in meiner „Jakobs-Bibel" mit Auszügen, die, Zitat: „...wieder neuen Zugang zur befreienden und froh machenden Botschaft des christlichen Glaubens ..." schaffen soll. Um 8.45 Uhr bin ich aufgebrochen, eine 18 km Etappe vor mir. Seit meinen Morgengebeten auf dem ersten km bin ich in „Gottesgedanken" versunken und übersehe dabei wohl ein Wanderzeichen oder es fehlt an entscheidender Stelle. Irgendwann merke ich dann, dass es keine mehr gibt. Aber ganz falsch kann ich nicht sein. Den Radweg habe ich noch nicht gequert. Auf jeden Fall bin ich mitten in einem tiefen Wald und als der Radweg nach Kilometern nicht kommt, bemühe ich mein Smartphone mit GPS, das mir meine Position zeigt und den Standort auf der Karte bestätigt. Ich bin viel zu weit westlich, schlage einen Haken, sodass ich weiter nördlich wieder auf den Wanderweg komme, der einen östlichen Haken schlägt. So habe ich kaum mehr Meter gemacht. Trotz des „Verlaufens" bin ich bester Stimmung, bete, singe und pfeife, was seit heute geht, hatte ich doch offene Lippen wegen Sonnenbrand.

Es geht durch Forst-„plantagen" – Fichte, - Douglasie, - Nordmanntanne, -Kiefer = aufgeforstet, - Lärche in Naturverjüngung, keine Laubbäume, später auf herrlichen Sandpfaden durch die wundervolle „Vrads sande" ein super Gras- Heidegebiet. Ich treffe, wie an den letzten Tagen seit dem Feiertag Wanderer (vorher nur einige Radwanderer), um die Mittagszeit ein Paar, gemütlich auf dem Pfad sitzend und ein „gefriergetrocknetes" Mittagsmahl auf dem Kocher zubereitend. Wir kommen auf Deutsch ins Gespräch, da mein Wanderwagen immer für Bewunderung sorgt. Sie

20

outen mich auf Grund der Muschel als Jakobspilger und, da sie auch schon auf dem Camino waren (von Leon nach SdC) herrscht gleich eine ganz andere Gesprächskultur. Auch treffe ich 2 Reiterinnen auf Islandpferden, sodass sich die seit Tagen im Raum stehende Frage klärt, woher die seltsamen Hufabdrücke auf dem Weg kommen. Sie stammen nicht, wie ich vermutete, von einem Esel, sondern von diesen Pferdchen. Wenig später erfreut mich eine kleine, ca. 20 cm lange Schlange mitten auf dem Weg, die ich beim Sonnenbaden störe, die faucht und sich gefährlich aufrichtet, wie eine Große. Während ich im Heidegras eine Pause mache, muss ich an meinen JW denken und an meinen zeitweisen Begleiter JL, der das „Gras liegen" auch pflegte und ich das

so gar nicht konnte. Jetzt geht´s.

15 Uhr an der Herberge Sepstrup-Mellegard, in der Nähe von Brande, südwestlich

von Silkeborg. Nette Hütten, alles offen, niemand da, rufe an: „komme in 2 bis 3 Stunden – soll mir schon mal Kaffee kochen, … Ich beziehe eine 4-Bett-Hütte, esse von meinen Vorräten, Schwarzbrot, Salami, Käse, nehme vom offenen Kühlschrank der überdachten Küche Orangensaft und Coccies (Kekse), trinke Kaffee dazu – leider nicht draußen, da es zugezogen ist und der warme

Westwind sehr aufgefrischt hat. In meiner Hütte steht ein kleiner elektrischer Heizer und so ist's hier drinnen mollig warm. Die Wirtin kommt, ich zahle 130,- DKK für Übernachtung, Kekse und Saft (der Kaffee kommt vom Haus), bestaune die Brutkolonie in der benachbarten Maschinenhalle – hier brüten Spatzen, Rauch- und Mehlschwalben innen unterm Dach, auf, an, in den Sparren bzw. Doppel-T-Trägern der Dachkonstruktion.

Auf der anderen Seite gibt es einen „Erlebnis- Pferde- hof und die haben einen „Fußball-Golfplatz", wo ich längere Zeit zuschaue, wie man mit Fuß-/ball „Golf" spielt. Das Feld ist ca. so groß wie ein Golfplatz, mit Hindernissen wie ein Minigolf- oder Abenteuergolfplatz und so wie ich sehe, mit 13 Löchern. Ich bin wieder ganz alleine in der „Hütten-Herberge" und sitze gemütlich zwischen warmen Kissen auf der Couch und habe die Füße hochgelegt, was meinem rechten Bein sehr gut zu tun scheint und was ich Zuhause nie fertigbringe, da plagen mich dann gleich Krämpfe, Verspannungen, usw. Die zweite „neue Erfahrung" allein heute auf meinem Weg. Als Bibeltexte lese ich mir laut vor, die Psalmenauszüge meiner Jakobsbibel. Sie ist eine „Herder-Übersetzung" vom gleichnamigen Verlag, war mir vorher fremd und ist auch etwas ungewöhnlich und gewöhnungsbedürftig geschrieben. Nachts telefoniere ich noch lange mit Sigrid; meine 3 Mails mit den Bildern und den Fotos der Tagebuchseiten sind angekommen. Die Nacht ist sehr unruhig. Liegt's am Nachmittagskaffee, am Telefonieren oder der lauten Musik vom Nachbardorf, die durchs offene Fenster schallt. Am Abend habe ich nur noch die letzte Blase (von 8) aufgeschnitten, nachdem das Blasenpflaster 5 Tage drauf ist und immer noch drückt und zwickt es. Per SMS habe ich meine ganze Familie an meine Abfahrt vor 14 Tagen etwa um die gleiche Zeit, erinnert.

Sonntag, 01.06.2014

7:40 Uhr aufgestanden, 8:40 Uhr verlasse ich die Hütte bei bedecktem Himmel, dadurch ist's nicht kalt und kein Wind. Hemdsärmelig geht es los und bei der ersten Pause kommen auch die Hosenbeine weg. Am Himmel, die so beliebten blauweißen Wölkchen, dazwischen die Sonne, ca. 22 Grad. Unterwegs treffe ich 2 Jungs wieder, die ich bereits gestern während ihrer Pause im Gras überholt habe und die dann abends bei mir am Quartier vorbeikamen und heute Nacht in einer der halboffenen Hütten (Shelter) am Weg geschlafen haben. Wegen meiner Muschel outen sie mich als Pilger. Den ganzen Vormittag geht es auf herrlichen Pfaden durch schönste, naturnahe Waldgebiete. Dabei sehe ich 3 Damhirsche, jedes Mal ganz nah. Die zweite Pause mit Snack mache ich an einem wunderschönen Zeltplatz am Weg mit Shelter, Grill einschl. Holz, WC, Brunnen und Sonne satt zum Kleider trocknen. Das ist heute schon der zweite Shelter, vorher war einer an der „Wander-Bahn" (Radweg Nr. 23) im Sepstrup Krat. Der Weg ist weiterhin schön zu gehen, so gut wie kein Asphalt und ich komme an den Bolling See, einem scheinbar sehr flachen, größeren See mitten in der Wald-Heide-Landschaft. Hier muss ich vom Wanderweg abweichen und erreiche gegen 15 Uhr die Herberge in Kragelund. Wieder alles offen, nur ein Zettel was es kostet und dass abends jemand vorbei kommt. Die Herberge ist in einem ehemaligen Pfarrhof in den früheren Stallungen neben der Kirche untergebracht. Eben kommen 2 ältere, dänische Wanderer von Norden und ich bin mal wieder nicht alleine. Die Zwei reden ununterbrochen in ihrem dänischen

Kauderwelsch. Obwohl einer von Ihnen gut deutsch spricht, kommen wir nicht ins Gespräch. Nur so viel ist zu erfahren: Sie waren schon auf dem Camino Porto und dem Camino frances von Leon bis SdC. So ist es wohl, wenn man zu zweit unterwegs ist – da beschäftigt man sich mit sich selbst. Heute habe ich keinerlei Probleme mit einem meiner 8 Blasenstandorten. Ich habe auch keine Pflaster oder Leukoplaststreifen mehr an den Füßen. Nur das re. Schienbein ist seit einigen Tagen angeschwollen und fühlt sich beim Gehen an wie bandagiert. Das ist sicher gut so. Ich hoffe, heute hier in einem großem Supermarkt (die verkaufen auch Arznei) eine Ibuprofen-Salbe zu bekommen, aber Fehlanzeige.

Montag, 02.06.2014

Heute Morgen muss ich das erste Mal beim Herbergswirt einen Pilgerpass vorlegen und somit werde ich erinnert, auf einer Pilgerschaft zu sein, was mir mein Körper und mein Geist den ganzen Tag verdeutlichen. Noch nicht vom Hof drückt und zwickt es rechts an der Fußsohle vorne. Schuh und Socke aus, nachsehen, anziehen – es ändert sich nichts. Das Ganze mehrfach wiederholt – es wird nicht anders. Am inneren Rand einer alten Blase hat sich eine Druckstelle gebildet. Damit muss es wohl die nächste Zeit gehen. Kaum eine Stunde später, linke Ferse innen – ein Stein? Schuh gleich aus – kein Stein, dafür Blase 9, die aber eher wie eine Hornhautfalte aussieht. Leukoplast drüber – weiter. Ich verlaufe mich, finde aber dank Smartphone und GPS wieder auf den Weg und mache an einem der super tollen Zelt- / Übernachtungsplätze am Weg eine große, ausgedehnte Pause, nachdem ich mindestens 800 Meter durch ein Wintergerstenfeld gestapft bin, weil ich wieder nicht auf dem richtigen Weg war. Bisher ist der Weg ganz OK, aber jetzt liegen kreuz und quer jede Menge Bäume rum; Sturmschäden von den letzten Winterstürmen hier im Norden. Nach einigem herumkraxeln und drum herumlaufen beschließe ich, auf den ca. 3 km weiter östlich verlaufenden Radweg zu wechseln, wo ich früher oder später eh hin muss, da die Herberge wieder am Rad- nicht am Wanderweg liegt. Jetzt nur noch Asphalt unter den Füßen, die einschl. re. Schienbein weiterhin tierisch schmerzen. Zudem habe ich heute Kopfschmerzen, keinerlei Motivation und beinahe „die Schnauze voll".

Gegen 15:30 Uhr komme ich in Thorning an und kaufe im Supermarkt ein, habe ich doch unterwegs beschlossen, heut mal so richtig Kalorien und Proteine zu tanken. 2 Tafeln Nussschokolade, Kekse, Erdnüsse, 3 kleine Kotletten und 300 g Gemüsesalat mit Majo. In der Herberge ist schon ein Däne, der vorgestern in Viborg startete und gleich nach mir kommt eine ältere Engländerin an. Wir haben uns im Haus verteilt (wohl ehemaliges Pfarrhaus), das mehrere Schlaf- / Badezimmer auf 2 Ebenen hat und treffen uns dann am Sitzplatz im Garten.

Der Däne spricht gut deutsch, die Engländerin englisch und dänisch, der Herbergswirt auch deutsch und so haben wir uns mit den jeweiligen Übersetzungen in die andere Sprache sehr gut unterhalten. Zwischendurch habe ich mein Fleisch gebraten, die anderen bestellen sich Pizza und Döner im Dorf, vom Dänen kommen noch 2 Flaschen Rotwein, von mir Erdnüsse und Kekse dazu und so haben wir eine wunderbare Tischgemeinschaft, sodass ich erst jetzt, nach 21 Uhr zu meinen anderen Arbeiten komme. Socken waschen und im Trockenschrank trocknen, Tagebuch schreiben, da kommen der Herbergswirt und seine Frau nochmal rein und wieder unterhalten wir uns sehr gut. Die Herberge wird von der Kirche getragen, das ganze System wurde von einer eigens gegründeten Stiftung anschubfinanziert und die Herbergen müssen sich im Betrieb selbst tragen, nicht wie ich vermutete: „Hier zahlt die EU …", da es ja ein „Europäischer Kulturweg" ist. Das Wetter heute: toll, stellenweise fast schon zu warm. Draußen wird es bereits dunkel und ich habe noch kein Bett bezogen, bin nicht geduscht; … deshalb Schluss.

Dienstag, 03.06.2014

Der Herbergswirt hat gestern noch auf den Original-Heerweg-Pass bestanden, sodass ich in der zweitletzten Herberge noch einen für 50,- DKK kaufen musste. Dafür gab´s kein Trinkgeld. Der Morgen beginnt genauso schön, wie der Abend endete. Die Britin (Camino-erfahren: Astorga – SdC) hat für alle Kaffee gekocht und wir sitzen draußen und frühstücken gemeinsam. An meinen Füßen / Beinen spüre ich nichts.
Liegt es an den guten Pilgergesprächen, an der Menge „Energie", die ich gestern Abend zu mir nahm, einschl. Bier und Rotwein vom Dänen, oder doch an der ½ Ibuprofen, die ich abends genommen habe und heute Morgen wiederhole. Ich gehe den ganzen Tag sehr gut, den größeren Teil der Etappe auf dem Radweg, da mir Entgegenkommende berichten, dass auf dem nächsten Wanderwegabschnitt hunderte Bäume querliegen. Es gibt zwar Ausweichrouten, aber die findet man nur mit Karte und da will ich nicht immer draufschauen müssen.
Ab Skelhoje wunderschöner Weg mit Seeblick, durch Heiden und natürliche Wälder bis Hald Hovedgaard (schöne ½ Tages-Tour: Fahrräder in Skelhoje abstellen und das Gebiet von Hald Ege erwandern. Mit dem Fahrrad den R21 (ehemalige Bahnlinie) gemütlich zurück. Das Gebiet ist die bisher größte Herausforderung für mich und mein Wägeli. Entlang des Hald See geht es rauf und runter. Oft sehr steil, z.T. mit Treppen, ganz schmalen, schrägen Pfaden in den steilen Uferböschungen, oft mit quer verlaufenden Wurzeln. Da komme ich beim Ziehen schon fast an meine Grenzen und die Idee reift immer stärker, in Norwegen auf den Rucksack umzusteigen und dafür auf sehr viel Ausrüstung zu verzichten. Vor allem Treppen machen

das Ganze schwierig. Je nach Stufenmaß steht das Rad vom Wägeli genau an einer Stufe, wenn vorne ein Fuß ebenfalls eine Stufe überwinden muss. Da ist dann viel Kraft und Balance gefragt. Und, (Zaun-)Treppen soll es in Norwegen ja zu Hauf geben.

Gegen 14 Uhr komme ich an der Herberge Hald Hovedgaad an, 20 km, trotz vieler Pausen in 6 Stunden und schon fängt es an zu regnen und gewittern. Ein Gast ist schon da (Katé aus Viborg – sie nutzt die Herberge für einen billigen Wochenend-urlaub) und später kommt Martin, den ich schon in der Herberge von Jelling getroffen habe. Er nutzt die Herbergen als „Base" und erkundet von da die umgebende Landschaft. Gegen 16 Uhr kommt eine weitere Dänin im strömenden Regen mit einem riesigen Rucksack von Viborg her, an. Später kommen noch die Tochter von Katé und ein weiterer Wanderer. Die Herberge ist im ehemaligen Schafstall eines riesigen Gutshofes eingerichtet. Hier gibt es noch eine „Naturschule" mit Shelters-Platz in der Nähe und eine super-große Heidescheune, in der eine tolle Ausstellung und sehr viel Information über diese Gegend zu finden ist, z.B. wo man überall Kanu leihen und fahren kann, usw. Das Gutsgebäude selbst ist wie ein Schloss, mit Park, Wasserspielen, schönen Anlagen und Neben-gebäuden.

Mittwoch, 04.06.2014

8:15 Uhr gut gestartet. Über den Radweg 3 will ich Richtung Viborg, finde allerdings den Abzweig nicht. Was soll´s, der R23 führt auch in die Stadt (ehemalige Bahnlinie wie Odenwald-Wanderbahn). Leider komme ich so

nicht an einem bedeutenden Heerweg-Denkmal und einer beachtenswerten Kirche vorbei. Was soll's – weiter. Bereits um 10:30 Uhr bin ich in Viborg. Der Dom ist noch zu. Ich mache mich auf die Suche nach der Tourist-Info. Muss viel fragen – keine Schilder – auf den rumhängenden Stadtplänen ein Standort, der wegen einer Großbaustelle großräumig und massiv abgesperrt ist - bis ich genug habe und am geschlossenen Stadtmuseum Sturm klingle, bis jemand öffnet. Die haben die neueste Stadtbroschüre mit einem aktuellen Stadtplan und wissen, dass die Tourist-Info raus an den Innenstadtrand umgezogen ist. Also hin. Mit meinem Standardsatz begonnen: „Ich spreche nur Deutsch" kommt gleich eine Mitarbeiterin mit einem pfälzerisch angehauchten Deutsch Slang. Sie stammt aus Ludwigshafen.

Mit ihr habe ich viel zu klären:

1. den weiteren Weg einschl. möglicher Unterkünfte, denn hier enden mein Radwanderführer und der mir bekannte Heerweg. Ich habe nur noch eine 100.000 er Karte mit eingezeichneten Radwegen. Unterwegs erfuhr ich allerdings, dass ab 1. Juni der Heerweg weiter bis Frederikshavn durchmarkiert ist, also
2. gibt es bereits Materialien zu diesem Weg? Die Tourist-Info-Mitarbeiterin ist allerdings auch der Meinung, ich solle auf dem R3

weitergehen, da der neu ausgeschilderte Heerweg im wilden Zick-Zack durchs Land geht. Sie druckt mir eine Liste möglicher Übernachtungsorte, die Adressen der nächsten Tourist-Infos und die ersten Planausschnitte vom neuen Heerweg aus.

3. brauche ich hier eine Unterkunft. Es gibt in der City günstige B&B-Quartiere, aber da ist entweder schon alles belegt, oder die Wirtsleute nicht da, weil morgen in DK ein Feiertag und somit "Brückenwochende" ist und viele Dänen da unterwegs sind. Nach dem wievielten Telefonanruf findet die Dame ein Zimmer für 450,- DKK / Nacht. Ich sage mit Vorbehalt zu.

4. Da ich vor 3 Tagen meinen Pilgerhut verloren oder liegen gelassen habe, brauche ich ein gutes Geschäft, wo ich was Passendes bekomme. Das liegt aber weit draußen vor der Stadt in einem Industriegebiet. Also 40 Min. raus, einkaufen, Hut (127,- DKK), 1 Paar Socken (170,- DKK) und ein Packsäckchen, den Wagen kann ich so lange bei der Tourist-Info abstellen.

5. Apotheke – Standort im Stadtplan markiert – später kaufe ich dort eine Hydrocortison-Salbe 1% für das schmerzende und geschwollene Schienbein.

6. Mails checken am @-Punkt der Tourist-Info.

7. Standort vom Pilgerzentrum und jetzt ganz schnell dort hin, denn die schließen 15:30 Uhr und es ist nicht mehr lange hin.

Mit einigem hin und her, trotz guter Beschreibung finde ich den Raum. Da sitzt eine ältere „Ehrenamtliche", dir mir aber trotz vielen Bemühungen und Versuchen zu telefonieren (mit ihrem privaten Handy) nicht weiterhelfen kann und nichts über den weiteren Verlauf des Weges und Unterkunftsmöglichkeiten weiß. Ich lasse mir wenigstens einen Stempel im Pilgerpass geben und weiter geht's. Beim Stöbern in der Info-Broschüre der Stadt finde ich auch das Angebot meines vorgesehenen Übernachtungszimmers für 350,- DKK. Ich beschließe, solchen „Ausnutzern" mein Geld nicht zu geben und breche in Richtung Jugendherberge auf, die auch, wie das Zimmer, auf der anderen Seeseite liegt, nur westlich. Der ca. 10 Minuten längere Fußweg ist mir die ersparten 480,- DKK für zwei Tage wert. Hier kostet das EZ mit WC, Dusche im Flur, 210,- DKK pro Nacht. Nach etwas Ruhen gehe ich wieder in die Stadt, will ich doch mal wieder etwas Vernünftiges essen. Aber hier ist der Bär los. Ein regionaler Radiosender feiert Jubiläum. Überall in der Stadt Musikbühnen, lange Einkaufsnacht in den Geschäften und die Restaurants sind voll. Ich finde etwas außerhalb, einen Italiener und bei Pizza, ganz großem Salat und Sprite lasse ich es mir schmecken. Zurück zur Juhe (einfach gute 2,5 km) bin ich heute von vor 8 Uhr bis nach 22 Uhr unterwegs und habe insgesamt sicher auch meine 22 -25 km gemacht, obwohl ich von der Strecke nur 8 km weitergekommen bin.

Donnerstag, 05.06.2014

Mein „Ruhetag" fängt ruhig an. Ausgiebiges Morgenduschen, fertigmachen und ab in die Stadt. Das Wetter ist wie immer, also nehme ich nur Pulli und Hut mit. In der Stadt – ein herrlicher Dom, innen vollkommen bemalt, aber nicht kitschig. Er hat eine wundervolle Ausstrahlung und so bleibe ich mehr als eine Stunde da. Nebenan im Domcafe trinke ich einen Kaffee, unterhalte mich sehr gut mit der ehrenamtlichen Mitarbeiterin und schreibe einige Postkarten von diesem ersten, großen Zwischenziel auf meiner Pilgerreise, die ich erst hier im Dom fand, in der ganzen Stadt gab es keine. Da ja Feiertag ist, haben die Geschäfte geschlossen (außer Supermärkte) und es sind nur wenige Leute unterwegs. Ich schaue mir noch einen Park und einen Bibelgarten an und auf dem Weg zum nächsten Park zieht es plötzlich zu und es fängt kräftig an zu regnen und zu donnern. Im Supermarkt besorge ich Vorräte für die kommenden Tage und, schon etwas nass, finde ich ein nettes Steak-Haus wo ich ausgiebig speise – Spareribs mit Pommes und zu trinken: Cola im 0,75 l Glas; so was habe ich bisher noch nicht gesehen. Leider hat der Wettergott kein Erbarmen mit mir, also geht´s im Regen weiter, will ich doch vor 16 Uhr (da schließen hier die Kirchen) noch eine besichtigen. Danach im strömenden Regen zurück zur Juhe wo ich triefnass ankomme, waren doch meine ganzen Regensachen hier im Wägeli geblieben. Nach erheblichen Schwierigkeiten mit dem Mädel von der Rezeption ist es mir dann doch möglich, in einem Wäschetrockner für 25,- DKK meine Kleider zu trocknen. Dabei habe ich meine Unterlagen für die kommenden Tage gesichtet und meine nächsten Etappen geplant.

Freitag, 6.06.2014

Kurz vor 9 Uhr gestartet, das Wetter ist sehr trüb. Kaum weg vom Haus fängt es an zu regnen. Also die Regenbeinlinge und die Regenjacke drüber und weiter. 11 Uhr Pause, die Regensachen können verstaut werden. Jetzt finde ich auch meinen Pilgerhut wieder. Beim letzten Einkauf muss ich ihn wohl kurzer Hand in das Traggestell meines Wägeli gesteckt haben. Dort lugt er jetzt heraus. Weiter bis Vammen (17 km). Hier will ich eigentlich bleiben, es ist aber erst 13 Uhr und der Campingplatz liegt 4 km in der falschen Richtung. Also beschließe ich, Enrike zu bemühen und eine Etappe Bus zu fahren, zumal der Weg beinahe immer an der Straße entlang geht, natürlich auf Asphalt und alle ½ Stunde fährt ein leerer, blauer Bus vorbei, mit dem gleichen Endziel wie ich: Hobra. Zufällig sehe ich vom Bus aus bereits außerhalb der Stadt ein Schild zum „Danhostel" (Dänisches Wanderheim), kann bei der nächsten Haltestelle aussteigen und den km hinlaufen. Beim Preis bin ich dann fast umgefallen, 435,- DKK – ca. 57,- €. Aber ich habe ein eigenes Zimmer mit Dusche + WC, Bettwäsche, … wie im Hotel. Vor dem Haus ist eine Bushaltestelle Richtung Innenstadt. Der nächste Bus fährt 16:33 Uhr rein, der letzte fährt 17:20 Uhr raus. Ich will ja noch in der Tourist-Info die nächsten Kartenausschnitte ausdrucken. Die Tourist-Info ist schon zu bis ich sie finde, also schnell in die Stadt, nach einem Internet-Cafe Ausschau halten. Beim 3. Versuch erklärt mir ein junger Mann in einem Telecom-Shop auf Deutsch, dass es so was in DK nicht gibt. Die öffentlichen Bibliotheken haben hier öffentliches Internet. Schnell beschrieben, wo´s lang geht, ich find´s, rein, fragen, man versteht mich, an den Rechner, 9 Kartenausschnitte gedruckt (kostenlos), im Laufschritt zum Busbahnhof, richtige Haltestelle finden, Bus kommt, 17:32 Uhr bin ich wieder in der Juhe. Hier gibt es freies WLAN, sodass ich die anderen Internet-Recherchen per Smartphone erledigen kann: 1. Was kosten die Danhostels in den nächsten Städten? Ergebnis: noch teurer! 2. Kontakt zu Schuh-Stadler in Mosbach: meine Halbschuhe zeigen schon offene Stellen, verursacht durch die Schnürung, nach 3 Wochen und 400 km dürfte das nicht sein. Hier in der Juhe fällt mir wieder ein, dass ich in Viborg an der „Goldküste" (teuerste Wohngegend) zum ersten Mal in DK Häuser mit Rolläden oder Jalousien und richtigen Fensterbeschlägen gesehen habe. Sonst haben die hier nur Scharniere, Riegel und Haken an den Fenstern, manchmal Vorhänge, meist kann man in die Häuser vorne rein und hinten rausschauen. Auch was die Wohnfläche und- Ausstattung anbelangt, wohnt der Durchschnitts-Häusles- Besitzer hier für unsere Verhältnisse sehr bescheiden.

Samstag, 07.06.2014

Ich stehe vor 7 Uhr auf, will ich doch mit dem Bus 7:58 Uhr oder 8:20 Uhr in die Innenstadt fahren, da fällt mir ein, dass ja Samstag ist und wie am Fahrplan zu lesen, fährt der erste Bus 9:20 Uhr. Also marschiere ich die 3 km auch noch. Seit Viborg ist meine Etappenplanung wesentlich

schwieriger geworden. Ich habe nur noch eine Radwegbroschüre von Nordjütland und da sind auf ganz kleiner Karte nur grob die km angegeben.

Für den Weg habe ich Kartenausdrucke und für Übernach-tungsmöglichkeiten am Weg eine App auf dem Smartphone in Dänisch. Bis zur ersten Pause spüre ich heftige Schmerzen an den Blasen der li. und re. Ferse, später an der re. Fußsohle. Habe ich doch gestern an meinen Einlagen herum geschnippelt um diese Standorte zu entschärfen. Evtl. ist das Gegenteil eingetreten, nur drankleben kann ich nichts mehr. Nach der zweiten Pause mit Cola, weißer Ritter-Vollnuss-Schokolade und 1 Rolle Mentos geht es besser, nach der dritten Pause fast gut. Gegen 15 Uhr, nach 27 km komme ich bei den Shelters (einfache Übernachtungshütten, wie Hasenställe) hier am Store Öks-See an; es sind noch welche frei, also verbringe ich die erste Nacht quasi im Freien, dänisch: „Overnatning i det fri".

Zum Abendessen bin ich am See, wo ganz schön was los ist; baden, sonnen- grillen, ... Das Gebiet um den See ist ein sehr schönes Wald-, Moor-, Wasserschutzgebiet mit Aussichtskanzeln, Rund- Radwegen, Blase 10 re. Ferse außen, neben – über einer Alten. Blase 11 re. Sohle hi. Zehe 3+4 (neben der Alten). Bei den Shelters ist noch eine Jugendgruppe (14 – 17 jährige) und eine Jungengruppe (Wander-vögel, ...) mit jeweils erwachsenen Begleitern. Die Nacht ist etwas unruhig, 1. wegen der Örtlichkeit, 2. Die älteren Jugendlichen nebenan machen noch sehr lange Krach; von der anderen Gruppe (9-13jährige) schnarcht einer der beiden „Leitwölfe" genau neben mir im nächsten Shelter.

Sonntag, 08.06.2014

7 Uhr ist wohl großes Aufstehen im ganzen Lager angesagt. Die von der älteren Gruppe springen schon zum Baden Richtung See. Also stehe ich auch auf, packe meine Habseligkeiten ein und bin um 8 Uhr auf dem Weg. Es geht lange auf schönen Kies-/ Sandwegen durch Wald und ach ja, ich habe Sandalen an den Füßen. Die Idee kam mir, als ich gestern aus Langeweile mit diesen ein paar Mal an den See gegangen bin. Meine Bedenken waren immer, ohne die orthopädischen Einlagen nicht mehr schmerzfrei laufen zu können. Aber, nicht denken – ausprobieren – und wieder ein Hinweis, dass nicht der Kopf sondern mehr das Bauchgefühl Beachtung finden sollte. Der Weg ist im Vergleich zu den letzten Tagen fast spektakulär. Nach der Ortschaft Rebild geht es durch einen Heiderücken – teilweise Nationalpark, in der Tallage dann durch großflächige Feuchtgebiete mit Weideflächen, Tümpeln, Seen, mäandrierenden Flachlandbächen, superschönen Quellhorizonten und an den Talflanken ein echter „Zauberwald", dicht und wild aus verkrüppelten, alten Rotbuchen. Später geht es nach Gl. Skorping nochmals durch ein ausgedehntes

Moorgebiet mit einem schönen Flüsschen. Hier ist eine Wallfahrtskirche mit der hl. Quelle „Helling-Kors-Kilde".

In dieser Landschaft gibt es auch mal Tiere zu sehen: verschiedenste Schmetterlingsarten, allerdings nichts aufregendes, Rohrsänger, Rohrammern, Graureiher. Den ganzen Tag bin ich auf Kies-/ Sandwegen unterwegs in Sandalen, natürlich mit Socken und habe keine Probleme mit Blasen, nicht mit Gelenken und auch keine sonstigen Schmerzen, die auf das Fehlen der Einlagen hindeuten könnten. Ich werde mir überlegen müssen, ob ich das mit den Einlagen ganz sein lasse. Natürlich muss ich wegen der Sandalen öfter stehen bleiben, um Steinchen oder Sand daraus zu entfernen und die Socken wieder zurecht zu rücken. Essenpause mache ich heute erst gegen 14 Uhr, das ist eindeutig zu spät. Da die Etappe bis Aalborg zu Fuß nicht zu schaffen ist, gehe ich von Volsted ins Tal zur Bahnlinie bei Ellidskoj. Allerdings rattern hier die Züge durch und ich muss auf einen Bus warten. Ankunft in Ell.: 15:15 Uhr, Bus ab: 17:36 Uhr, Zeit zum Tagebuch schreiben und planen für Morgen. Der Bus kommt pünktlich. 40,- DKK und die 15 km sind gleich geschafft.

Zum Campingplatz sollen es laut App nur 2 km sein – durch die Stadt – also hänge ich diese noch dran. Draus werden fast 4 km, denn ich brauche über eine Stunde. Manche Angaben sind halt „geschönt". Und dabei hätte ich vom Busterminal direkt vor den Campingplatz fahren können – und das auch noch mit der gleichen Fahrkarte. Na ja, nichts gedacht oder nicht genug rumgeschaut bzw. nachgefragt (kommuniziert). Am Campingplatz die Frau spricht gut deutsch. Nach einer Hütte gefragt, will sie diese für 450,- DKK Pilgersonderpreis für eine Nacht geben, regulär: 550,-DKK. Das ist gerade so teuer wie die Juhe einen Kilometer weiter. Ich beschließe, das Zelt zu benutzen und zahle 250,- DKK einschl. Camping-Card 2014, Duschmarken und WLAN-Code, das wäre beim Hüttenpreis auch noch alles dazu gekommen. Die Zeltübernachtung pur kostet 107,- DKK. Es ist bei meiner Ankunft bereits 19 Uhr und da muss ich mich sputen. Zelt aufbauen (zum ersten Mal), Wäsche waschen, duschen, gegen 21 Uhr telefoniere ich mit Sigrid, schicke Bilder, schreibe eine Nachsendeliste, irgendwie geht die MMS aber nicht raus. Der

WLAN-Anschluss klappt auch wieder nicht. Neben meinem steht das Zelt eines „seltsamen Heiligen". Er lebt scheinbar vom Pfandgutsammeln und nachdem er an unserem gemeinsamen Tisch eine Stunde lang Zigaretten gedreht hat, macht er sich gegen 22:30 Uhr auf zu seinem Job und kommt irgendwann nachts mit Rucksack und Tüten voll zurück. Am Morgen startet er gleich wieder mit dem Fahrrad und bringt alles weg.

Montag, 09.06.2014

Das Zelten hat einen großen Nachteil. So ein Kunststoff-superleicht-Zelt ist morgens in der Außenhaut sowie außen nass und so baue ich es ab und an einem Sonnenplatz wieder provisorisch auf. Es dauert über 1 1/2 Stunden einschl. nachreiben bis ich es einpacken kann. Nach 9 Uhr geht es los, obwohl ich schon vor 7 Uhr aufgestanden bin. Richtung Stadt komme ich an einer städt. Einrichtung vorbei, wohl ein Schwimm- / Sportcenter. Und außen dran steht: „Bibliothek, Internet-Cafe, …" Ich rein, brauche ich doch noch die restlichen Kartenausschnitte für den Weg ab morgen. Super, die Rechner im I-cafe laufen, ich finde sehr schnell meine Karten, doch – wo ist ein Drucker? Ich frage einen älteren Herrn und der gibt mir zu verstehen, dass zum Drucken ein Passwort und eine Zugangskarte zur Bibliothek benötigt werden, da diese heute am Feiertag geschlossen ist. Er erklärt sich bereit, mit seiner Karte auszuhelfen. Die erste Karte ist abgeschickt, leider kommt sie nur Schwarz-weiß heraus, so dass ich darauf die roten (Wanderwege) bzw. blauen (Radwege) Linien nicht von anderen unterscheiden kann. Mein Helfer hat keinen Nerv mehr es weiter zu probieren, also geht es für mich weiter, mit einer ½ Stunde Verzögerung und immer noch ohne Karten. Der Weg aus der Stadt ist mühsam, Asphalt, Betonplatten, da hellt auch der erste Anblick der Ostsee – hier des Langerak-Fjordes, einschl. einem großen Kreuzfahrtschiff am Kai meine Stimmung nicht auf.

Ich habe wieder Sandalen an, mit den Meindl-Socken, da die dünneren Smartwool noch nicht trocken sind. Die baumeln mit dem Zeltputztuch an meinem Wägeli. Es geht zäh aus der Stadt hinaus, über den Fjord-Tunnel (vergleichbar mit dem Elbetunnel in HH) dann auf furchtbaren Schotterwegen erst entlang der E45, dann der E39 grob Richtung Norden. Schotter, im Gegensatz zu rundlich, feinem Kies und Sand ist spitziger, scharfkantiger und gröber. Nach 1/3 des Weges und einer Pause mit Essen und Füße lüften – im Gras sitzend - geht das 2. Drittel auf Waldwegen durch ein schönes, großes Waldstück und das letzte wieder auf asphaltieren, kleinen Landstraßen und Feldwegen durch landwirtschaftliche Flächen, unterbrochen von Feuchtgebieten.

Heute überhole ich den Frühling. Der Weißdorn ist verblüht, der Frühsommer duftet mit Holunder und Wildrosen am Wegrand, Fasane und Kuckucke sind zu hören, manchmal Girlitz und Buchfink, öfters der Kiebitz, auffällig ist, hier gibt es keine Rotschwänzchen.

Mein Ziel ist eine Herberge, die aber nur auf der Heerweg-App und nicht in den Karten verzeichnet ist und so habe ich einiges Bauchweh, ob es die wohl gibt. Einen Plan B habe ich heute nicht. Doch, hier eine Muschel am Stein und ein kleines Schild: Herberge. Auf einem wundervollen Gut - wieder ein ausgebauter Stallteil (nebenan wohnen noch die Schafe und Schweine) -, mit Betten und Küche, davor eine Sanitärwagen mit Toilette und Dusche. Die Hausherrin spricht gut Deutsch und wir sitzen über eine Stunde zusammen im Garten. Endlich unterhalte ich mich mal wieder ausgiebig auf Deutsch und, die fehlenden Kartenausschnitte druckt sie mir auch noch aus. Die Herberge ist ganz neu, am 1.6.2014 eröffnet, ich bin der fünfte Gast.

Vor 4 Tagen war eine 4er Gruppe da. Abends habe ich Gesellschaft. Auf einer alten Leitung an der Decke des Schlafraumes sitzen 2-4 Rauchschwalben und schwatzen miteinander. Ich schlafe super, nachdem ich 2mal mit Sigrid telefoniert habe, zwecks Nachsendung diverser Dinge.

Dienstag, 10.06.2014

Heute Morgen blöken die Schafe, es riecht etwas nach Schwein (wie eben auf einem richtigen Bauernhof). Ich frühstücke ausgiebig, frische Erdbeermarmelade und plane noch den Tag. 8:40 Uhr beim Gehen treffe ich noch Sanne, die Hausherrin, die gerade vom Hof „Norre Ravnstrup" fährt. Nochmals gute Wünsche, Einladung nach Mosbach und Verbesserungstipps, um die sie mich abends bat, so z.B. Wäscheständer, separates Waschbecken für Kleidung (war in keiner der Herbergen da und man wusch die stinkigen Socken und Unterhosen im Handwaschbecken des Sanitätsbereiches), und: dass die Einzelbetten furchtbar knarren, da sie neu sind, sollte sie dies reklamieren. Meine Zimmernachbarn, die 2 Schwalben, ein Gartenrotschwanz und das tolle Ambiente des Gutes verabschieden sich nun endgültig. Es geht auf die Landstraße.

Unterwegs im Supermarkt von Klokkerholm kaufe ich Vorräte. Hier ist am Ortsende ein schöner Freizeitsee. Weiter geht es viel im Zick-Zack durch die Landschaft. Mal die Sonne im Rücken (dann geht's definitiv nach Norden) mal ihr entgegen, dann ist sie links, das nächste Mal rechts von mir. Trotzdem habe ich heute wieder viel geistliche Muse. Zu meinen Morgengebeten kommen noch Lieder, gesungen oder gepfiffen, Gehmeditationen. Wie jeden Tag bete ich, wenn ich in der Landschaft eine Kirche sehe das Angelus-Gebet (Engel des Herrn, …), da man hier so gut wie nie Glockengeläut hört, das dazu erinnern würde.

Ein zweiter Gartenrotschwanz, ein Steinmarder, 2 Rehe, 2 Hirsche springen jeweils kurz vor mir über den Weg bzw. im Feld auf. Jetzt kommt ein großes Waldgebiet in dem ich über 6 Stunden unterwegs bin. Spektakulär wird es, als ich durch eine große Waldweide mit halbwilden Pferden musste. Und just steht die Herde von über 20 Stück in Reih und Glied auf meinem Wanderpfad. Von mir unbeeindruckt aber sehr nervös stehen sie z.T. trampelnd da. Vorder- oder Hinterbeine mir zugewandt. Aufregen will ich sie nicht und so kämpfe ich mich im Unterholz des lichten Waldes an ihnen vorbei und das Ganze auch noch in sehr bewegter Landschaft, was heißt, rechts geht's runter, links hoch, insgesamt sehr steil rauf und runter. An der Herde glücklich vorbei, kommt die nächste Herausforderung für mich und mein Wägeli. Es geht steil bergauf und das in tiefen Erosionsrinnen, von den Pferden und vom Wasser manchmal über 1 m tief ausgeschwemmt und nur ganz schmal. Mein Wägeli passt gerade noch durch, oft schrappt es seitlich an den Wänden. Beinahe muss ich das erste Mal abhalftern und aufsatteln (die Last huckepack nehmen). Ich komme gerade noch so durch und es ist eine gute Übung für Norwegen. Weiter geht es über einen schönen Rastplatz mit ausgedehnter Pause einschl. Kleider und Füße trocknen, essen und Wasser nachfüllen in mein „Kamelback", so heißt das Rucksacktrinksystem in DK. Die 2 Liter darin reichten die letzten Tage nur bis zum frühen Nachmittag und so habe ich jetzt immer noch eine Literflasche Wasser im Gepäck. Den ganzen Tag bin ich in Sandalen mit Socken unterwegs.

In diesem Gebiet komme ich an einigen schönen „Primitiv lejrplades" oder „Overnatings- / teltpladser vorbei. Mein Ziel ist der Platz bei der Naturscolen Lunken, ca. 5 km südlich von Ostervrä. Ein schöner Platz mit 5 Shelter (Hasenställe) in denen je 4-6 Personen übernachten können, mit offenen Toiletten und Waschbecken bei der Naturschule. Hier muss ich allerdings erst mal sauber machen, damit die Einrichtung nutzbar wird. Außen gibt es noch einen Wasserhahn. Hier habe ich die Gelegenheit, ein paar Selbstauslöserbilder von mir zu machen, die ich nach Hause schicke. Weiter gibt es Bilder, wie ich „von unten" aussehe, sprich meine Füße mit den alten und neuen Blasen. Zum Übernachtungsplatz gehört noch ein Kinderspielplatz, auf dem am Abend noch eine Fasanenbalz mit 4 und mehr Fasanenhähnen stattfindet. Viele Weitere rufen in der Umgebung. Interessant ist auch eine von Hand betriebene Holzhackmaschine auf dem Platz.

Diese Nacht schlafe ich ganz gut, obwohl es die erste so ganz alleine in wildfremder Umgebung ist. Da lauscht man schon mal nach den ganzen Geräuschen drum herum. Am Morgen werde ich von einigen Nebelkrähen geweckt, die auf dem Dach meiner Hütte ihren Morgentanz aufführen. Außerdem sind wieder viele Fasanenhähne um mich herum, bis zu 6 Stück kann ich auf einmal sehen.

Mittwoch, 11.06.2014

8:10 Uhr geht es gleich abenteuerlich los. Hinter dem Platz muss ich durch ein Weidengatter und es geht über eine

frisch abgeerntete Weide. Auf der anderen Seite wieder ein Durchgang, rechts davon der Pflock mit meinem „Blauen Freund", dem Wanderzeichen mit weißem Fußgänger auf blauem Grund, ca. 10 x10 cm, darunter steht:

„Haervejen". Also zum Gatter raus und immer dem Pfad nach durch den Wald. Bald fällt mir auf, dass mein blauer Freund gar nicht zu sehen ist und an einer Wegespinne ist´s dann ganz aus. Ich muss ihn irgendwo verpasst haben oder bin gleich ganz falsch gegangen. Also zurück, und tatsächlich, beim Zeichen in der Weide ist, vom hohen Gras verdeckt, ein Pfeil nach rechts unterm blauen Freund. Da die Pflöcke mit den Wanderzeichen nur 40 – 50 cm über dem Erdboden raus-schauen ist es oft schwierig, sie rechtzeitig zu sehen, oder eben alles darauf wahrzunehmen. Keine 100 m weiter geht es wieder durch ein Gatter und dann durch feuchtes Feuchtgrünland und Hochstaudenfluren. Wenn´s von unten nicht nass ist, dann vom Tau an den Pflanzen. Zwischendurch immer mal durch die unterschiedlichsten Weidegatter. Drei Mal muss ich abschnallen und´s Wägeli mal hochkant durchfahren, mal unterm Drehkreuz durchschieben und einmal kann ich´s über die Barriere drüber ziehen. Nach knapp einer Stunde durch hüfthohes Gras, Stauden wie Mädesüß, Kohldistel, Brennnesseln, aber auch Himbeeren etc. sind meine Füße, Socken und Sandalen triefnass, sodass ich die Halbschuhe anziehen muss, was gut ist, denn jetzt geht's ans kraxeln.

In den Talflacken der Gewässer quer, rauf und runter, manchmal sind Seile für die Spaziergänger gespannt, an denen sie sich hochziehen können. Ich und mein Wägeli meistern alles mit Bravour, obwohl es rauf und in den steilen Querlagen schon recht anstrengend ist. Aber dafür ist´s runterwärts easy. Bremse rein und runter. Durch die Talsohlen und über querende Gewässer geht es auf tollen Bohlenwegen, immer wieder abgetreppt, auch das meistern wir prima – ein Tag als Vorgeschmack auf Norwegen, wo´s das alles wohl zu Hauf gibt.

Nach der ersten Pause will ich wieder auf Sandalen umsteigen, da es nur noch auf festen Asphalt- und Kieswegen weitergeht. Aber meine Füße machen das nicht mit. Nach 500 m ziehe ich sie wieder aus; die Schmerzen sind nicht auszuhalten aber mit den Halbschuhen geht es wunderbar voran. Offenbar geht es mit den Sandalen nur, wenn ich sie morgens gleich anziehe. Im Feuchtgrünland hüpfen mir ein paar Grasfrösche über den Weg, tagsüber Fasane und Rehe. Gegen 15:30 Uhr bin ich beim Shelter von Understrup.

Hier gibt es einen großen „Hasenstall", Plumpsklo, Wasseranschluss mit Schlauch – folglich ist kaltes Duschen angesagt, eine Sitzgruppe und schön gemähter Rasen, der nach der Körperpflege zum Ganzkörpersonnenbad einlädt. Ohne Einkaufsmöglichkeiten unterwegs, muss ich an meine eisernen Reserven gehen. Nachts gegen 22 Uhr kommen noch Spaziergänger vorbei und sind ganz erschrocken, dass jemand in dem

Shelter liegt. Ich schlafe ganz gut, obwohl meine Luftmatratze, wie von Anfang an, nach wenigen Stunden keine Luft mehr hat und ebenso das aufblasbare Kopfkissen, das ich unterwegs schon einmal erfolgreich geflickt habe.

Donnerstag, 12.06.2014

7:50 Uhr in kurzem Hemd und kurzer Hose mit Halbschuhen gestartet und nach kaum einer Stunde und dem Erklimmen eines Hügels unter stahlblauem Himmel am ganzen Horizont: die Ostsee. Ein Gefühl zum Gänsehaut kriegen, die ich allerdings wegen der steifen Nordseebrise schon habe. Jetzt geht es auf Frederikshavn zu, da es auf dem R3 Richtung Norden keine Unterkunft in erreichbarer Entfernung gibt. Kurz vor Frederikshavn, beim Schloss Bangsbo, treffe ich ein Ehepaar aus Hildesheim, unterhalte mich gut und schaue mir beim Durchwandern die tolle Anlage an: Rotwildgatter, botanischer Garten, mystische Steine aus 3 Jahrtausenden, Bonsaisammlung, tolle gärtnerische Anlagen, super Park. Sogar ein schönes Restaurant (dänisch: Kro), von denen ich im ganzen Land vielleicht 10 Stück gesehen habe. In Frederikshavn geht der Haervej auf dem Radweg in die Stadt und durch die Fußgängerzone bis zur Kirche mit einem tollen Baustil. Hier muss ich mich ganz offiziell und mit etwas Wehmut von meinem kleinen „blauen Freund" verabschieden, denn der Heer- / Ochsenweg endet definitiv hier.

Im @-Punkt der Bibliothek checke ich mein Bankkonto, bei der Tourist-Info den weiteren Weg und meine Ankunft beim Campingplatz Grenen in Skagen für Samstag lasse ich mich von hier ankündigen, ebenso das Paket von Zuhause, das dorthin nachgeschickt wird. Dann zu Stella Line, meine Fähre nach Oslo fährt Mittwoch 9 Uhr, gebucht und dann mit dem Zug 2 Stationen weiter nach Tolne, wo ich wieder auf den R3 stoße, dem ich weiter bis Skagen folgen will. Hier auf dem Campingplatz schlafe ich im Zelt, habe meine ganze Wäsche gewaschen und getrocknet. Nach fast 4 Wochen nur Handwäsche ist das dringend geboten. Heute habe ich keine Probleme mit den Füßen, habe die Schuhe aber nicht so fest gebunden und folgere daraus, dass Fuß-/ Blasenprobleme auch mit der Schnürung zusammen hängen können, nicht nur mit Schuhen, Socken und der Kombination beider, der Fußbehandlung – eincremen ja oder nein-, mit Hirschtalk, Popo-Creme, …, den Einlagen und den Füßen selbst.

Campingplatz: 70,- DKK, Waschmaschine und Trockner: 60,- DKK. Später kommt die Platzwirtin und bietet mir einen Platz im Aufenthaltsraum an; draußen sei es doch zu kalt. Blase 12, rechter zweiter Zeh vorne innen Richtung drittem aufgeschnitten.

Freitag, 13.06.2014

8:30 Uhr, Start, das Zelt ist trocken, hat folglich in der Nacht kein Tau oder Kondenswasser innen angeschlagen, da die Nacht recht trüb, kühl und windig war. Zum Frühstück esse ich zwei meiner Power-Riegel. Das erste und das letzte Viertel vom Weg geht es auf schönen Kies- Sand- und Waldwegen voran, zuerst durch sehr naturnahe Rotbuchenwälder, oft entlang deren Trauf, sodass ich einerseits den Wald und andererseits die landwirtschaftliche Kulturfläche habe. Mittags sind es dann mehr Nadelwaldforste, die hier bezeichnender Weise: ...(für Ortsname) – Plantage heißen. Gegen 13 Uhr höre ich schon die nahe Brandung der Nordsee und suche den auf der Karte verzeichneten Übernachtungsplatz, der sich allerdings nicht finden lässt, oder den es nicht mehr gibt. Jetzt muss Plan B her. Im nächsten Ort Skiveren gibt es einen Campingplatz (120,- DKK), wo ich mein Zelt

aufschlage. Leider ist die Nordsee wieder „sehr rau" zu mir, kein schöner blauweißer Wölkchenhimmel wie heute Vormittag, sondern zugezogen und es fallen sogar einige Regentropfen. Ich mache erst mal Brotzeit an einem überdachten Gemeinschaftsplatz und langsam wird das Wetter wieder heller, sodass ich wenigstens einen Strandspaziergang machen kann, barfuß im Sand bzw. Salzwasser, das wird meinen Füßen helfen. Und immer dabei, der von meiner Katrin so heiß geliebte Wind (Sylt-Wind), dem ich so gar nichts abgewinnen kann.

Im Freizeitbereich des Fünf-Sterne-Campingplatz gibt es einen großen Swimmingpool und ein Kinderplanschbecken. Dort drin finde ich das Leck in meiner Luftmatratze und kann sie erfolgreich flicken.

Samstag, 14.06.2014

Nach einem Kaffee + Gebäck geht es 8:45 Uhr auf zur letzten und wohl schönsten Etappe in Dänemark. Auf kleinen Asphaltstraßen, schönen Kies-Sandwegen geht es zuerst kreuz und quer durch eine wundervolle Dünenlandschaft auf der Nordseeseite. Bei der Räbjerg-Krke (Kirche), östlich von Skiveren ist ein toller WoMoPlatz und von dort könnte man toll laufen, die Fahrräder vorher an der Bunkerstraße beim Bunker 30 abgestellt.

Hier treffen R1 und Wanderweg „Nordostien" zusammen. Der Wanderweg geht mehr noch durch bzw. über die Dünen, auch eine riesige, kilometerlange Wanderdüne wird tangiert, evtl. auch überschritten. Mit den Fahrrädern könnte man dann weiter Richtung Hulsig fahren, nach wenigen hundert Meter vor Bunker 38 ist rechts ein wunderschöner See (Decke mitnehmen); Schild: Tudsehav. 2 Brachvögel sind zu sehen. In Hulsig geht es dann auf dem R5 weiter. Kurz nach dem Ortsausgangsschild am Radweg geht es rechts zu einem Ostseestrand (darf mit dem Auto befahren werden). Jetzt geht's auf der Ostseeseite weiter durch absolut plattes Land, die höchste Steigung heute gerade mal 6 Höhenmeter. Aber der Wind kommt aus Nordost und ist warm aber es muss schwer dagegen angekämpft werden.

Gegen 17 Uhr bin ich am Campingplatz von Skagen-Grenen, 120,- DKK pro Platz und Nacht + Dusche extra, 30 km. Von der Stadt bis hier heraus hole ich mir Blase 13, linker großer Zeh unten, aufgeschnitten. Es sind halt wieder über 28 km, meinem eigentlichen Tageslimit. Das Paket von Zuhause ist auch schon da. Am Zelt habe ich deutsche Nachbarn. Jetzt sitze ich gerade auf einem der vielen „Wehrmachtsbunker" der Deutschen aus dem 2. Weltkrieg; ein beklemmendes Gefühl. Vor mir dutzende Schiffe, die Fischereiflotte von Skagen, wie sich später herausstellt.

Sonntag,15.06.2014

Erster Ruhetag in Skagen.

Am Campingplatz leihe ich mir ein Fahrrad (85,- DKK/Tag), radle in die Stadt, besuche 10:30 Uhr einen dänisch evangelisch-lutherischen Gottesdienst mit Abendmahl. Danach geht es raus zu Odden, zur

Nordspitze des europäischen Festlandes, wo Ostsee und Nordsee zusammentreffen. Ich besuche das Naturerlebniszentrum in Skagen und bin beeindruckt von der Art der Ausstellung mit lebenden Kreuzottern, Eidechsen und Amphibien. Die Betreuerin der Einrichtung freut sich riesig über mein Interesse und wir führen eine intensive, fachliche Unterhaltung. Fallen dabei Begriffe an, die der andere nicht versteht, werden diese per PC „gegoogelt". Am Abend gehe ich in der Stadt gut essen, wieder in einem Jensen´s Bof´s Haus und wieder Spareribs wie in Viborg, diesmal mit Salat vom Buffet, soviel man will, dazu 2 Bier, Spareribs 159.- DKK (vor 17 Uhr hätten sie nur 99,- DKK gekostet), Salat 49,- DKK, 2 Halbe Bier a. 64,- DKK, zusammen 336,- DKK. Ich bin noch ausgiebig am Hafen unterwegs, sichte meine Norwegenunterlagen und lade dabei die Akku´s von Handy und Digitalkamera. Gegen 21:30 Uhr radle ich noch die 6 km zum „Sonnenuntergangsplatz" in Gl. (Gammel) Skagen, was so viel heißt wie: Alt-Skagen. Leider wird der wahre Sonnenuntergang wie 2009 in Finisterre von einem Wolkenband am Horizont verschluckt.

Montag, 16.06.2014

Zweiter Ruhetag in Skagen.

Ich fahre mit der Skagen-Bahn nach Frederikshavn (60,- DKK einfach), habe ich doch noch keinen Abschlussstempel von der Ochsen- / Heerwegtour. Die Kirche ist noch verschlossen, doch im Kirke-Kontor ganz in der Nähe bekomme ich meinen Stempel, sodass die ganze Tour jetzt belegt ist. Ich kaufe noch Schreibzeug, chinesisch-Fastfood-Essen auf der Straße (45,- DKK) und gehe in die Bibliothek.

Zurück mit dem Zug 15:04 Uhr, bummle ich noch in Skagen, kaufe Postkarten, Souveniers, einen Karton und packe dann mein Rückpaket auf dem Campingplatz. Neben mir ist eine Schulklasse eingezogen, die Kids sind friedlich und ruhig, aber die Lehrkräfte unterhalten sich draußen noch recht lautstark bis lange nach 24 Uhr.

Dienstag, 17.06.2014

Dritter Ruhetag in Skagen.

Nach einer unruhigen Nacht stehe ich 8:30 Uhr auf, gehe Blumen pflücken für Sigrid, sammle Kraftsteine mit der Energie von zwei Meeren für Jan und Schwemmgut für Katrin. Das alles kommt noch ins Rückpaket, und ab zur Post (5,8 kg für 465,- DKK). Wenn ich das geahnt hätte, hätt ich doch die Wohnmobilfahrer von BAD, die heute früh abgefahren sind, fragen sollen, ob sie das Paket mit nach Deutschland nehmen und dort für 7,- € aufgeben. Doch – war nicht! Zum Mittagessen kehre ich wieder bei Jensen´s Bof´s

Haus ein. Das „Mittags"-Steak mit Bratkartoffeln – sehr gut, gr. Cola, 0,75 ltr für 168,- DKK + Trinkgeld: 180,- DKK, kaufe noch Verpflegung.

Ich besichtige die schwedische Kirche in Skagen, wo mir ein passionierter, schwedischer Pastor alles erklärt, was es mit einer schwedischen Kirche in Dänemark auf sich hat. Hier erfahre ich nicht nur, dass Skagen der größte Fischereihafen Dänemarks ist, sondern auch, dass um 1920 viele schwedische Fischer ihren Fang hier anlandeten, da er hier viel besser bezahlt wurde. Die Kirche und der heimische Pastor waren dafür da, die Leute daran zu erinnern, dass zuhause Frau und Kinder auf den Erlös der Arbeit warteten und dieser nicht hier „verjubelt" werden dürfe.

Der Eingang zur Kirche geht ins „Tiefparterre". Dort ist eine Teeküche, dahinter eine Art Gemeindesaal. Auf meine Frage, ob das die Kirche sei: „Nein, die ist über uns", war die Antwort und so geht es über eine Wendeltreppe hoch und dort in einen wunderschönen, mit unheimlich viel

Symbolik ausgeschmückten Kirchenraum. Leider habe ich keine Bilder – wollte nicht als Tourist auftreten. Statt Stempel wird eine Visitenkarte in meinen Pilgerpass geklebt.

Zurück beim Zelt kommt noch ein Ehepaar mit Tochter und Hund per Fahrrad neben mir an und wir unterhalten uns sehr gut, es folgt vorpacken, Akku´s laden, Campingplatz abrechnen: 4 Nächte, 1 Tag Fahrrad, 3 x duschen, 1/2 ltr. Skagen Bier = 580,- DKK. Zwischendurch nochmals draußen in Greven besuche ich auch das Bunkermuseum mit eindrücklicher

Darstellung der Präsenz der dtsch. Wehrmacht in Dänemark und des Kriegsgeschehens. Zurück gehe ich am Strand entlang. Allerdings haben Sand und Salzwasser meinen Füßen und Blasen doch nicht so gut getan. Sie sind teilweise wund und entzündet.

Mittwoch, 18.06.2014

Meine letzten Stunden in Dänemark.

Mein Wecker steht auf 5:40 Uhr. Ich wache um 5 Uhr wieder auf, döse noch bis 5:30 Uhr stehe auf und packe. Meine Nachbarn aus Altötting sind auch schon auf und gehen mit dem Hund Gassi. Alles verstaut geht's 6:15 Uhr los, 6:35 Uhr, unterwegs an einer Bäckerei ist Frühstück und Kaffee trinken angesagt und 6:55 Uhr im Zug (60,- + 12,- DKK mit Fahrradkarte für's Wägeli).
Der Zug fährt 6:59 Uhr. Im Zug von Skagen Richtung Süden merke ich zufällig an der Haltestellenanzeige, dass dessen Endstation nicht Frederikshavn ist, sondern dass er weiterfährt und bereits die nächste Haltestelle mein Zielbahnhof ist. Also fertigmachen – raus. 8 Uhr bin ich am Schiff, eingecheckt, 9:20 Uhr legt es ab. Den ganzen frühen Morgen habe ich ein seltsames, wehmütiges Gefühl in mir. Habe ich mich an den Aufenthalt in Skagen schon gewöhnt? War ich quasi „sesshaft" geworden und muss jetzt wieder aufbrechen – weiter!

Exakt einen Monat nach meinem Start in Hamburg und 630 km Fußmarsch bin ich unterwegs per Fähre nach Oslo zum Start auf dem Olavsweg. Ausgegeben habe ich bis dato knapp 2.000,- € und keine Rücken- oder Hüftbeschwerden, das linke Knie stach ab und an beim Aufwärtsgehen, keine Krämpfe, Null Beschwerden außer eben die Füße und das rechte Schienbein, sowie Unterlippe und Nasenoberseite, da ständig sonnenverbrannt.

Die Überfahrt dauert 9 Stunden. Es ist sonnig, morgens etwas windig, am Nachmittag auf dem Sonnendeck angenehm warm. Ich genieße das skandinavische Buffet für 169,- NOK, = nicht mal 20,- €, einschl. Softgetränke und Kaffee frei. Meine restlichen DKK-Münzen gebe ich im Shop des Schiffes für Süßkram aus.

18 Uhr Ankunft per Fähre in Oslo nach 9 Stunden Überfahrt, 18.15 Uhr ausgecheckt, Geld + Kleingeld im Bereich des Bahnhofes organisiert (EC-Karte), 19.18 Uhr mit dem Bus für 50,- NOK zum Ekeberg-Campingplatz. Dort habe ich für 2 Nächte plus einmal duschen 385,- NOK bezahlt. In meiner Nachbarschaft steht ein junges schweizer Paar aus dem Aargau mit

Die Fähre Dänemark – Norwegen läuft in Oslo ein

einem Bulli unterwegs, von den Lofoten kommend und jetzt auf der Heimreise. Wir unterhalten uns gut über deren Erlebnisse, das Auto und meine Pilgerwege.

Der Campingplatz ist eine riesige Wiese, mit z.T. erheblichem Gefälle, keine „Sitz„-Infrastruktur, ich sitze im Zelt, Feierabend. Jetzt fängt es auch noch an zu regnen.

Donnerstag, 19.06.2014, Ein Tag in Oslo

Ca. 8.30 Uhr fahre ich mit dem Bus in die Stadt, die Tageskarte bekomme ich für 90,- NOK beim Empfang am Campingplatz und kann damit mit allen öffentlichen Verkehrsmitteln in der Stadt fahren. Der Himmel ist stark bewölkt. Zuerst suche ich die Tourist-Info, die, wie in Viborg (DK) auch verlegt wurde. Am neuen Standort stehen noch große Baucontainer und Rundfahrtbusse rum, sodass ich sie nicht sehe und mehrmals fragen muss. Dadurch komme ich u.a. in die City-Hall, das Rathaus von Oslo, was vorher gar nicht vorgesehen war.

Jetzt geht's zum „Oslo-Dom" meinen Startstempel in den Pilgerpass holen. Dort frage ich nach dem kath. St.-Olavs-Dom und bekomme vom Pförtner den Weg dorthin genau erklärt. Ich schnell hin, weiß ich doch von Zuhause, dass dort täglich um 11 Uhr eine hl. Messe ist. Kurz danach bin ich da und feiere eine einfache Messe und 3 Priesterzelebranten in dem schönen Gotteshaus mit. Danach versammelt sich eine asiatische Gruppe vor dem Marienaltar. Sie halten in ihrer Muttersprache eine wunderschöne Marienandacht. Ich zünde noch Kerzen an, für meinen Weg, für Sigrid + mich, für unsere Kinder, für alle Verwandten, Freunde, Lebensbegleiter. Danach mache ich einen Abstecher zum Stena-Line-Büro am Hafen und buche eine Rückfahrt: Trelleborg (S) – Sassnitz auf Rügen (D) für Mo. 18.08. 13.30 Uhr, Ankunft 17.15 Uhr für 10,- €. Da kann man nichts falsch machen. Später kostet sie das Zigfache. Irgendetwas Besonderes muss

Der kath. Olavsdom in Oslo

heute wohl in Oslo los sein. Überall wo ich hinkomme, sind abgesperrte Straßen, Militärpolizei, z.B. vor dem Grand-Hotel, zig schwarze Limousinen im Hafengebiet Schnellboote, Scharfschützen, beinahe ein Bataillon Soldaten. Im Rathausbereich sind riesige Flächen abgesperrt für's Public Viewing der Fußballweltmeisterschaft. Heute spielt wohl Deutschland. In wandere außen an der Akerhus-Festung vorbei, besuche den Königspalast und fahre dann mit der Tram zum Vigelandsparken, dem Skulpturenpark, der uns schon 2000 bei der WoMo-Norwegenreise zu siebt so beeindruckt hat. Dort erwischt mich ein kräftiger, kalter Regenschauer, sodass ich nicht alles anschauen kann, will ich doch 15.30 Uhr im Oslo-Dom sein, da ist im Programm eine Veranstaltung ausgewiesen.

Es ist eine Andacht (auf englisch), wohl aller in Oslo vertretenen christlichen Kirchen zu Ehren des gerade anwesenden Patriarchen (Pope) Tawadros II

Oslo Skulpturenpark: "Vigeland-park" 212 Skulpuren aus Bronze und Granit

aus Ägypten, mit kath. Priester und Bischof, einer ev. Bischöfin im Priestergewand wie bei uns die Katholischen, div. orthodoxe Geistliche, Mönche, … Dann geht's zum Bahnhof – ich habe außer einem Kaffee und Cola noch nichts getrunken. Von der Oper eine super Aussicht auf die Skyline und die riesige Tunnelbaustelle dazwischen. Entlang, dahinter bzw. zwischen den Gebäuden geht mein Weg jetzt zum „Mittelalterpark". Hier sind Ausgrabungen der ersten christlichen Besiedlung dieses Fjordes, u.a. die Marienkirche, gebaut zu Lebzeiten des hl. Olav. Hier an diesem uralten, christlich-spirituellen Zentrum beginnt der Olavsweg. Ich gehe über den Ekeberg-Hang mit wunderschönen Aussichten aus der Stadt hinauf zum Campingplatz.Der umgekehrte Weg wird morgen mein Start auf den Olavsweg sein.

Freitag, 20.06.2014   Mein Start auf dem Olavsweg

Der Startstein des Olavsweges nach "Nidaros", dem heutigen Trondheim, im Mittelalterpark von Oslo

9 Uhr Start, den Ekeberg zu Fuß hinunter, Oslo kreuz und quer gehend verlassen. 10.15 Uhr an der Ostre Aker Kirche, die offen ist, da eine Beerdigung ansteht. Die Trauerfeier hat gerade angefangen und so kann ich die Kirche nicht näher anschauen (ältestes Kruzifix in Ostnorwegen) und Marienkapelle mit Hydra-Schlange aus der Wikinger Mythologie.

Mit der Wegmarkierung halten es die Norweger wie die Spanier. Wo der Weg eindeutig ist, findet sich alle Nase lang ein WZ, an brenzligen Stellen plötzlich nichts. Ab und an ein gelber Pfeil, an den WZ gibt´s so gut wie keine Pfeile. Da muss man bei Kreuzungen, Kreisverkehren, etc. immer das Nächste suchen, um zu wissen, in welcher Straße es weiter geht. Hier treffe ich zweimal auf eine internationale Pilgergruppe, D, N, Australien, Südafrika sind vertreten.Bis Stovner ist „Stadtumfeld" angesagt. Danach geht´s gleich zu Sache. In einer engen, steinigen Schotterrinne auf den „ersten Berg", 317 m üNN; sogar mit Gipfelbuch, die letzten 100 Höhenmeter auf knapp einem Kilometer ~ 10% Steigung im Schnitt. Es geht mit meinem Wanderwagen trotz sehr steilen Passagen sehr gut. Andere Abschnitte gehen durch mooriges Areal. Da bin ich froh, dass es so sehr trocken war, habe ich doch noch die Halbschuhe an. Ich habe mir ja fest vorgenommen, heute das erste Mal in freier Natur zu zelten und will ab 17 Uhr nach einem geeigneten Platz Ausschau halten. Allerdings bin ich jetzt in einer absoluten Kulturlandschaft mit Ackerbau auf ebenen Flächen, Wiesen nur in Steillagen und bei jedem Gehölz ist ein Gehöft. Vor 5 habe ich zwei schöne Plätze gesehen aber gedacht, etwas

weiter ist ein Flusstal, da findet sich bestimmt was Geeignetes. Fehlanzeige – der Fluss lehmig braun, die Ufer schlammig, sicher ideale Brutstätten für Schnaken, von denen ich heute bestimmt schon mehr an mir hatte als die ganzen vergangenen

Pilgertage zusammen. Es geht nochmals auf ein Hochplateau (Kjerkefjellet – 238 m üNN) aber dort sind die ebenen Flächen entweder moorig oder durchweg Steinplatten. Am Waldrand bei Heerscharen von Schnaken ist dann noch eine Hütte, zur nächsten Herberge ist es aber max. noch 1 km. Also, dort hin.

Drei norwegische Frauen sind schon da. Sie pilgern für ein „Hospizprojekt", ein junger Mann begleitet sie und ist für die Aufzeichnungen, Fotos, Filme, Internetblog und Interviews verantwortlich, daher mit seiner Ausrüstung per Auto unterwegs. Sie haben unterwegs Gespräche und Auftritte mit lokalen Gruppierungen, Politikern, …Das umgebaute „Stabbur" (Speichergebäude) ist fürchterlich „urig". Überall altes Geraffel; unter der Spüle z.B. ein ausgestopfter Fuchs, vergammelte Möbel, überall „Deko" z.B. alte Ski,

Waffeleisen, ... aber kein Platz zum Wäsche aufhängen oder vernünftig zu sitzen. Wasser gibt´s nur im Kanister. Ein Raum mit Toilette und Dusche ist am ganz anderen Ende des Gehöftes. Beim Weg dorthin sehe ich auch, warum die Tierchen heute so „heiß" auf mich waren. Über dem Fjell ist es ganz schwarz zugezogen, es blitzt und donnert und tiefschwarze Streifen ziehen sich bis zu Boden. Da bin ich dreimal froh, dass ich bis zur Herberge durchmarschiert bin. Nach Abendessen, TB, etc. verziehe ich mich auf den Dachboden, wo ich eine Matratze in einem Raum für mich alleine habe - 22 Uhr. Am Morgen lege ich 100,- NOK ins Gästebuch, da ich niemand finde, der sie mir abnimmt. Auch kein Kästchen/Kasse ist zu sehen.

Samstag, 21.06.2014

Um 7:50 Uhr verlasse ich den Stabbur. Die Anderen schlafen noch, haben sie doch erst um 11 Uhr in einer ca. 1 Stunde Wegzeit entfernten Kirche einen Termin zu ihrem Projekt. Der Weg geht den ganzen Morgen rüber und nüber über E 6, Schnellbahntrasse und Bahngleise, einmal mitten durch einen Golfplatz. Wenn Straße oder Zug nicht zu hören oder sehen sind, dann kommen Flugzeuge im Landeanflug auf den Flughafen von Oslo, der hier draußen liegt. Nachmittags sind es dann die abfliegenden Flieger. Irgendwann komme ich dem Flugplatz ganz nah. Aber die Geräuschkulisse toppt alles davor Gehörte. Dann stehe ich plötzlich vor einer alten Landebahn und darauf toben sich Autofahrer aus, die scheinbar wetteten, wer am schnellsten seine Reifen runtergefahren hat. Im PiFü steht: gehen sie auf der alten Landebahn nach Norden bis zum Ende. Also muss ich da durch.

Zwischendurch gibt es auch schöne Wegabschnitte durch Fichten-/ Kiefernwälder, landwirtschaftliche Flächen – auf den Äckern war bisher nur Getreide zu sehen, heute Nachmittag mal Sonderkulturen, sprich: Karotten, Gurken, Bohnen, Kartoffeln. Die Wegeführung ist bisher recht undurchsichtig, oft nicht markiert, überhaupt kein Vergleich zu Dänemark oder Frankreich. Manchmal ewig an der Straße entlang, dann plötzlich ein Schlenker über eine Zaunleiter, durch Schafweiden, wo die Tiere scheinbar nur auf dem Pfad unterwegs sind und dort auch ihre Geschäfte machen, um einen größeren Weiher herum, wo hunderte Möwen u.a. Wasservögel aufgeschreckt werden, um dann wieder, über eine Zaunleiter keine 800 m weiter, an der gleichen Straße wie vorher zu landen. Ich will den Pfad eigentlich gar nicht gehen, aber laut Plan im PiFü ist die Herberge zu der ich will, an diesem Pfad. Tatsächlich liegt sie aber an der Straße und ich hätte mir die Schafknoddel und Zaunüberstiege sparen können. Mein Wägli hab ich jeweils über den Zaun gehoben, bevor ich selbst drüber stieg.

Die Herberge, das krasse Gegenteil zu gestern. Eine kleine Scheune, ausgebaut unten mit Wohnzimmer, Küche mit Essplatz, WC + Dusche, oben 2 Schlafräume mit je 4 Betten, sauber bezogen, alles top. 300 NOK. Im zweiten Schlafraum wohnt wohl dauerhaft ein junger Mann, der zum Hof gehört, hier arbeitet. Ich kann Wäsche waschen, Technik aufladen, relaxen, ... Blase 14 in der alten am re. Vorderballen. Sonst geht´s mir super. Meine Hände krampfen außergewöhnlich. Mit Sigrid telefoniert.

Sonntag, 22.06.2014,

„Ein richtiger Sonntag" Er beginnt kurz vor 7 Uhr als ich aufwache und aufs Klo muss. Danach: „nur noch ein Viertelstündchen"; als ich wieder aufwache ist es 8 Uhr. Jetzt aber aufstehen, will ich heute doch noch 32 km zur nächsten Herberge kommen. Bei meiner Pilgerherberge ist Frühstück inbegriffen und alles dazu in Küche und Kühlschrank. Also noch Kaffee machen, Marmeladebrot essen, O-saft, ..., dann 9 Uhr los, Abschied von der Risebru-Pilegrimsherberge ca. 2 km südl. von Dal. Das Wetter, bewölkt, kühler Wind aus Nordwest, also von vorne links. Es geht erst entlang an Straßen und durch Räholt. Doch hier entlang der Straße Richtung Eidsvoll überall gelbe Schilder, die wohl auf eine Sperrung hindeuten. Und da ist sie. Wegen eines nationalen Radrennens ist der folgende Straßenabschnitt komplett gesperrt. Mein Weg verläuft aber entlang dieser Straße und die WZ können ja irgendwo abbiegen. Der Sperrposten fragt Passanten und es findet sich ein sehr freundlicher Norweger, der deutsch spricht und mein Problem versteht. Er geht mit mir auf Seitenpfaden, fragt hier und da einen Streckenposten und erzählt mir dabei die norwegische Geschichte, da das Land dieses Jahr 200 Jahre Selbstständigkeit von Dänemark feiert und just an den Gebäuden, die wir gerade passieren, fand die „Gründungsversammlung" Norwegens am 14. Mai 1814 statt. Bei den Gebäuden sehe ich auch mein WZ von der Straße abbiegen und so ist alles gut.
Jetzt geht es abenteuerlich durch die Landschaft. Erst entlang eines schönen Flusses, der mäandriert durch die Gegend und dadurch km bringt. Dann heißt es im Pi-Fü: Nach der Scheune links, am Grasweg rechts, den Traktorspuren durch ein langes Feld folgen. Ich finde die Spur und es geht wie beschrieben auf einen Wald zu. Dort einen steilen Pfad hinunter zu einem Bach und drüber einen perfekt gemähten Rasenweg wieder hoch zu einem wundervollen Rastplatz, wo ich meine 12 Uhr Pause mache.
Unterwegs hat sich mein Verdacht bestätigt, dass in N die Lebensmittelmärkte sonntags geschlossen sind, also gibt es weder Obst noch Gemüse zum vorhandenen Schwarzbrot und Käse. Heute bin ich den ersten Tag stundenweise ganz bei mir. Meine Gedanken gehen über Lebenswerk, Lebensziele, Glaube, Gott, zu Vergangenem und

Vergebenem. Mein Weg führt dann wieder entlang einer Straße über eine Hochfläche und im NW wird es schwarz und immer schwärzer, der Wind frischt auf zu einem Sturm, dass die Äste fliegen. Ich finde Zuflucht hinter einer dicken Birke, ziehe Regenhose und –jacke drüber und kaum 15 Min. später ist der Zauber zu Ende und die Sonne lacht aus blauweißem Wölkchenhimmel. Ich komme zur Eidvoll-Kirche, historisch, mit großer Geschichte. Letzte Besucher verlassen das Kirchencafé nach dem Gottesdienst. Ich werde herzlich begrüßt und sofort findet sich ein deutschsprachiger Mann, der mir eine deutsche Kirchenbeschreibung und den Pilgerstempel der Kirche bringt und mir vieles darin erklärt.

Nach Eidsvoll wir es dann richtig romantisch. Erst noch ca. 6 km mehr oder weniger Straße, dann nur noch schöne Pfade und Wege durch Wald, entlang von Bächen – im PiFü steht als Überschrift: Wir tauchen in Traumwelten ein. Ich gehe noch bis zum Bergsee „Floyto" (Silbersee) und kann nicht widerstehen, baue mein Zelt auf einer Landzunge auf, gehe baden, soll und werde die Nacht hier verbringen. 19.30 Uhr, ich bin schon im Zelt, Tagebuch schreiben und verschicken, da gibt's tatsächlich aus heiterem Himmel (war jedenfalls vorher so) einen Graupelschauer, sodass jetzt Eiskörner vor meinem Zelt liegen. Dem See hier fehlen mindestens 2 Meter Wasser, wie aus der Uferlinie zu schließen ist. Demnach ist normal da, wo mein Zelt steht, Wasser. Zum Abendessen gibt es die letzten dänischen Kekse und Studentenfutter.

Montag, 23.06.2014

Nachts hat es ein paar Mal leicht geregnet. Aber der Wind hat das Zelt bereits bis 7.30 Uhr getrocknet. Um 8 Uhr geht's weiter, heute in den schweren Wanderschuhen, da die Beschreibungen im PiFü einiges versprechen. Zuerst auf Schotterwegen bis zum Badplass am Floytosee, wo auch eine Fahrstraße hinführt. Von dort bis zur Lysjohimetz-Herberge und weiter zum Franerudsjoren-See eine einmalige, wunderschöne Strecke, allerdings auch kräftezehrend und anspruchsvoll für mich, meine Oberarme und die Federung vom Wägli. Dann vom Abzweig Romsaetra bis

Nilsberg wieder wunderschön, nicht ganz so anstrengend, 1,5 Std. Hier oben auf fast 600 m NN reißt dann der Bremszug vom Wägli und ich muss bis 170 m NN ohne Hilfsbremse absteigen, sehr anstrengend, da ich jetzt die Führungsholme nicht nur anheben muss, sondern auch anhalten und der ganze Schub geht in die Beine und vor allem die Füße, die in den Wanderschuhen immer weiter vorrutschen. Irgendwann bei Espa, als es nur noch auf Straßen abwärts geht, ziehe ich dann bis zum Campingplatz Tangenodden die Sandalen an. Zuvor, am Ortseingang von Tangen kaufe ich erst mal Briefmarken für meine Postkarten, die ich seit Oslo mit mir rumtrage und was zu essen. Ein ganzes, gegrilltes Hähnchen (34,- NOK), 2 Brötchen (18,- NOK), Tomaten, O-Saft, Schokolade und verdrücke vor Ort gleich einiges davon.

Am Campingplatz (240,- NOK/Nacht) kommen 2 Std. später auch die N-Mädels an. Eine spricht gut Deutsch und wir unterhalten uns gut. Sie wandern unter der Woche, fahren übers Wochenende zum Erholen mit dem Zug heim nach Oslo und kommen die Woche drauf zurück. Leider wird es am Abend wieder nichts mit lauen Abendstunden am See. Im Osten ziehen schwarze Wolken auf, es kühl ab und tröpfelt immer mal wieder. Allerweltsvogelarten: Wacholderdrossel, besondere: Grauschnäpper und (Trauer-) Fliegenschnäpper, die ersten Biberspuren, heute mal einige Orchideen in den moorigen Heiden. Gut, dass ich heute die Wanderschuhe anhatte. Ich bin dreimal kräftig umgeknaxt. Ob das meine Bänder in Halbschuhen ausgehalten hätten?

Dienstag, 24.06.2014

Heute Morgen habe ich einen schlechten Start. Ich bin total kaputt und schon bei der ersten Steigung raus aus dem Campingplatz habe ich Schmerzen in der linken Hüfte. Der Weg ist einfach, fast nur Asphalt und gute Schotterwege. Die wenigen Pfade sind gut begehbar und die Markierung überall eindeutig. Ich habe gleich die Halbschuhe angezogen. Ich passiere die Herberge Ekeberg und mache da Pause. Wieder Fliegenschnäpper, eindeutig, Trauer-?, das braune kann ein Weibchen sein. Es ist schön, den beiden bei der Jagd von den alten, historischen Zäunen aus, zuzuschauen. Dann kommen schöne „Panoramastrecken" mit Sicht auf den Mjosa-See, vorbei an tollen, alten Gütern, bestens hergerichtet.

Nach 12 Uhr, die „Stange-Kirche", ein tolles Bauwerk, schon km-weit vorher zu sehen. Die Kirche ist offen, da eine Beerdigung ansteht. Ich kann leider nur wenige Aufnahmen innen machen, dann kommen die ersten Trauergäste. Apropos vorher. Vor 10 Uhr sehe ich über dem See schon mein Tagesziel: Hamar.

Mjösa - See (123 m NN)
117km lang, 365qkm Fläche, bis 449m tief
größter See Norwegens

Zeitweise geht es dann am Seeufer entlang, dort mache ich nochmals Pause auf einem Steg weit draußen im See. Das Wetter ist den ganzen Tag traumhaft, am Horizont blauweiße Wölkchen, über mir stahlblau. Für Hamar habe ich beschlossen zuerst im Wanderheim (Juhe) nach Preisen zu fragen. Es liegt am Stadtanfang und von hier will ich dann weiterplanen. Der Preis ist akzeptabel, 429,- NOK einschl. Frühstück im 2-Bett-Zimmer (alleine) mit Dusche und WC im Zimmer, Waschmaschinen- und Trocknerbenutzung.

Hier bekomme ich auch Informationen zu Fahrradwerkstätten, einen Stadtplan mit Lage + Adressen sowie Öffnungszeiten. Also kann ich Morgen von hier aus alles nacheinander abarbeiten. Lange telefoniere ich mit Sigrid, vor allem wegen Jan, der in die Klinik muss.

Mittwoch, 25.06.2014

8 Uhr ausgiebig gefrühstückt und gegen 8.40 Uhr breche ich auf. Macht doch die Fahrradwerkstatt (wegen meines gerissenen Bremszuges) erst um 10 Uhr auf. In Hamar werden die größeren Innenstadtstraßen gleichzeitig saniert und so dauert es, bis ich durchkomme. Dabei habe ich noch Proviant eingekauft, geht es doch jetzt wieder in die Provinz. 9.40 Uhr bin ich am Fahrradgeschäft. Die Tür ist schon offen und ein junger Mann steht gleich parat, sieht mein Dilemma, sagt: „uno moments", „no problem", „two minits"! Nach 10 Minuten kommt er und hat einen neuen Bremszug bereits in den Führungsholm montiert. Jetzt muss nur noch die Länge angepasst werden – 5 Minuten- fertig. Er will 50,- NOK, ich gebe glücklich und mit Tränen der Freude und Dankbarkeit in den Augen 70,- NOK.

Jetzt kann ich frohen Mutes weiter. Es geht zum Hedmark-Freilichtmuseum mit freiem Eintritt für Pilger, das, wie Gottersdorf u.a. in Deutschland, Häuser usw. aus der Gegend zeigt, mit dem Unterschied, dass auf der Landzunge im See eine Domkirchenruine aus dem 12. Jahrhundert steht, die 1567 von den Schweden zerstört und im letzten Jahrhundert komplett mit einer Glaskonstruktion überbaut wurde. Die so entstandene Glaskathedrale wird

Die Glaskathedrale von Hamar über den Ruinen der Domkirche aus dem 12. Jahrhundert

heute u.a. wieder als Gotteshaus genutzt und wird von manchen Besuchern als schönste und eindrucksvollste Kirche der Welt empfunden. Mich hat sie ebenfalls stark beeindruckt und ihre „Ausstrahlung" ist sicher mit den großen französischen Kathedralen zu vergleichen. Da leider um 11 Uhr kein Gottesdienst stattfindet, wie in Hans Lauers Unterlagen steht, halte ich selbst Andacht und ein sehr innigliches Gespräch mit meinem Schöpfer, vor allem wegen Jan, mit dem ich gestern Abend nach meinem Gespräch im Sigrid noch telefoniert habe.

Nach Besichtigung des Gotteshauses bietet die junge Frau an der Kasse an, für mich in der Kirche zu singen, was ich natürlich nicht abschlage. Es ist grandios. Eine junge bildhübsche Frau in mittelalterlichem Gewand in den Mauerresten der Kathedrale innerhalb des „Glasdomes" und eine engelsgleiche Stimme in dieser herausragenden Akustik. Mir kommen zum zweiten Mal heute die Tränen.

Nun ist es schon nach 12 Uhr und es geht weiter auf den Weg. Kurze Hosen, T-shirt, Halbschuhe, Sonne pur und warm. Zuerst noch entlang des Mjosa-Seeufers, vorbei am Eisenbahnmuseum, dann zur Stadt hinaus, durch ein Naturreservat, schönste Wälder, um landwirtschaftliche Kulturflächen, über große Höfe und Almen immer den Berg hinauf und bei Brumunddal wieder auf Seehöhe zurück.
Vorher bei der Furnes-Kirche Vesperpause an einem schönen Rastplatz mit WC bei der Kirche. Ab hier geht´s wieder hinauf. Landschaft wie vorn nur steiler hoch und dann der Ausblick auf große Teile des Mjosa-See´s und die ganze Landschaft, die ich die letzten Tage durchwandert habe. Unterkunft finde ich in der Pilgerherberge im Konfirmatsalen bei der Veldre-Kirche. Eine tolle Herberge ganz für mich allein mit Duschen, Küche, mehreren Betten und vielen Matratzen. 17.30 Uhr bin ich da, 26 km.
Später kommt noch die „gute Fee" der Herberge vorbei, eine adrette Bäuerin der Kirchengemeinde, in meinem Alter und freut sich, ihr altes Schul-Deutsch mit mir aufbessern zu können. Wir unterhalten uns lange und gut, sodass ich erst gegen 23 Uhr ins Bett komme. Sie kam nicht etwa zu kassieren, dafür gabs ein Holzkistchen an der Wand, sondern um nachzuschauen, ob von den bereitgestellten Vorräten etwas nachgekauft werden muss. Es gibt viele Fertiggerichte zur Auswahl. Außerdem Kaffee, Tee, Brot, Marmelade, Käse, usw. Ich habe mich schon vormittags mit Lebensmitteln eingedeckt, da man nie weiß, ob es noch etwas gibt. Die Frau bedauert sehr, dass es seit Wochen nicht mehr geregnet hat. Ich antworte ihr, dass es gerne überall, wo ich schon war, lange und ausgiebig regnen dürfe und ich auch dafür beten werde.

Donnerstag, 26.06.2014

Ich wache gegen 7.30 Uhr von seltsamen Geräuschen auf, so, als würde neben mir Wasser durch eine Leitung fließen. Es ist Wasser, draußen regnet es in Strömen. Da habe ich es nicht sehr eilig, mache Kaffee, esse Marmeladenbrot und ziehe Regenhose + längärmlige darunter und die Regenjacke an. Wie ich gegen 8.45 Uhr das Haus verlasse, tröpfelt es nur noch und 150 m weiter bei der Vedre-Kirche ziehe ich schon die Regenjacke aus.

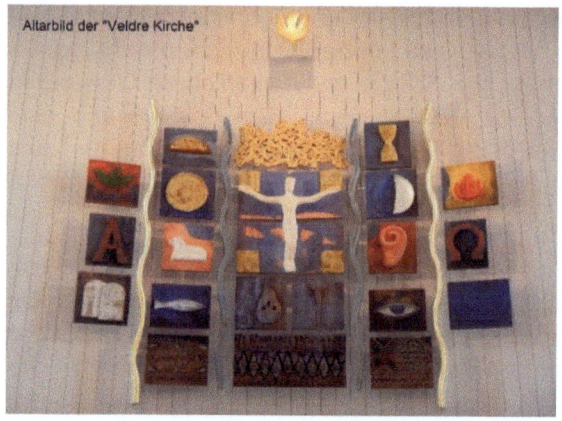
Altarbild der "Veldre Kirche"

Die Kirche ist wider Erwarten offen, dafür hat bestimmt die „Gute Fee" gesorgt, da ich sie gestern darauf angesprochen habe. Innen ist die Kirche modern aber wunderschön ausgestaltet. Ich halte eine kleine Andacht für Jan. Nach einer halben Stunde Weg wird es dann in der Regenhose zu warm, so ziehe ich die langärmlige darunter aus und behalte die Regenhose an, da es schon wieder anfängt zu tröpfeln. Jetzt geht es weiter über Wege, Wiesen und Pfade, vorbei an einer

Ausschnitt des kath. Altars in der ev. Ringsaker-Kirche

500 jährigen Kiefer, über ausgetrocknete Bäche und Flüsse zur Ringsaker-Kirche (siehe Pi-Fü + Bilder). Dort mache ich eine sehr innige, tiefe Andacht, dann eine Brotzeit und tausche endgültig die Regenhose gegen die Zip-Hose. Zwischen den Kirchen gibt es sogenannte Praestvegen (Pfarrerwege), die die Priester seit Jahrhunderten benutzten um zu den einzelnen Kirchen zu gelangen. So gibt es auch eine Wegeinfrastruktur für Pilger, von Kirche zu Kirche und somit von Siedlung zu Siedlung. Bei Moelv komme ich wieder runter an den Mjosa-See, den ich gestern bei Brumunddal verließ um an seiner Flanke über

Höhenrücken und Seitentäler zu wandern. Bei Moelv gibt es zwei Varianten: 1. Auf der Straße durch die Stadt, 2. Entlang des Seeufers u.a. durch einen Campingplatz, Boots- hafen. Bei Camping- platz kommt mir Toilette in den Sinn und so nehme ich diesen Weg. Nun hat  sich auch der Himmel gelichtet und es ist wärmer geworden, die Hosenbeine können weg. Die Wanderschuhe behalte ich an. Jetzt kommt eine wunderschöne Strecke vom Campingplatz am Seeufer bzw. dessen begleitenden Wäldern entlang und hindurch bis der Pfad wieder auf die SR213 (Reichsstraße) kommt; bei einer großen Abfall-Containerfirma rechts von der Straße.

Mein Weg weiter entlang einer kleinen Straße in Serpentinen an der Seeflanke hoch, die Ausblicke auf den See werden immer grandioser und dann über Höhenrücken – Höhenrücken - … Dabei geht es von 123 m NN auf über 500 m NN recht flott hinauf. Oben zieht sich der Weg, es geht nochmals über einen superschönen Waldpfad, wo´s laut PiFü viele Elche und Trolle geben soll. Leider sehe ich keins von beiden.

Freitag, 27.06.2014

Heute ist alles ganz anders!

Mein Plan ist, über Lillihammer rauszulaufen und bevor der Weg die Talsohle des Lägen-Flusses verlässt, an dessen Ufer mein Zelt aufzuschlagen. Doch nachts gegen 1 Uhr fängt es toll an zu regnen und wie ich um 7 Uhr mal raus muss, regnet es immer noch und es ist ringsum absolut zugezogen. Folglich schmiede ich schon Pläne, wie ich mein Geraffel möglichst trocken verpackt bekomme. Darüber schlafe ich nochmals ein und um 8 Uhr höre ich keine Regentropfen mehr. Es hat aufgehört. Folglich ganz routinemäßiges abbauen und verstauen. Zum Abmarsch kommt der Platzwart und will ein paar Bilder von mir und dem Wägli auf seinem Campingplatz und vor der Kulisse der Böttumer Kirche machen. Beim losgehen fängt es wieder an zu regnen und ich ziehe die Regensachen drüber. Da bei diesem Wetter die „Sehenswürdigkeiten- /

schöne Strecken – Schlenker" kaum Sinn machen, halte ich mich an feste Wege und Straßen. Plan A lasse ich fallen; mit nassen Klamotten in der Wildnis im Zelt übernachten – nicht mein Ding. Plan B, unten im Tal die Bahn nach Lillihammer nehmen, ca. 10 km Gehstrecke sparen und dann kann Kraft und Zeit bis zur nächsten Herberge ausreichen. Fehlanzeige. An den kleinen Bahnhöfen hält kein Zug mehr und an den Bushaltestellen gibt es keine Fahrpläne. Also weiter Richtung Lillihammer. Hier quert ein Fuchs meinen Weg, das erste, nicht domestizierte Säugetier das ich in N sehe. Es regnet bis kurz vor Lillihammer. Plan C. Da mir die 37 km vom Vortag gewaltig in den Knochen stecken will ich nur bis Lillihammer, dort in der Juhe unterkommen, evtl. Emails checken.

Am Ortseingang komme ich an einer katholischen Kirche vorbei und da ist heute Freitag-Abend 18 Uhr Aussetzung und 18.30 Uhr hl. Messe. Da will ich hin, denn die Kirche ist nicht allzu weit von der Juhe entfernt. Dort angekommen: ausgebucht – wegen einer Radfahrveranstaltung die hier am Samstag durchkommt und etliche Teilnehmer erst hier einsteigen. Ich bitte, bei weiteren Häusern anzurufen, alles voll oder keiner geht dran. Ich setze mich in ein Café und überlege, den Plan A umzusetzen, weiterzulaufen und irgendwo in der Wildnis mein Zelt aufzuschlagen.

Nach dem Kaffeetrinken regnet es wieder, hört aber auf und vor den Steigungen aus dem Tal hinaus kommt die Regenjacke weg. Die Regenhose lasse ich an, es geht durch hüfthohes, nasses Gras und Schuhe wie Hose sind patschnass. Mitten im Fichtenwald finde ich eine ebene Fläche, baue das Zelt dort auf und trockne zwischen den Bäumen meine Kleidung. Blase 16 wie 15 nur rechts. Die ersten Blasen in den Hanwag-Wanderschuhen, aber ich bin mir sicher, sie werden von den Einlagen hervorgerufen.
Schon seit einigen Tagen habe ich mir angewöhnt, das „Kreuzle", wie ich das Wanderzeichen hier nenne, beim Vorübergehen zu grüßen, wie ich es von Pfr. August Volkert in den ersten Religionsstunden der Volksschule gelernt habe: Wenn ihr an einer Kirche, einem Kreuz oder Bildstock vorbei geht, grüßt es wie den Pfarrer „Gelobt sei Jesus Christus heute und in Ewigkeit Amen!" Ich wandle es etwas um: „…, und alle meine (unsere / seine) Schutzengel!", da es schon dutzende Male passiert ist, dass ich just im richtigen Moment in eine Abzweigung / Einmündung sah, und dort das „Kreuzli" entdeckte und nicht vorbei lief, den Schutzengeln sei Dank.

Samstag, 28.06.2014

Die Nacht im Zelt mitten im Wald verläuft ruhig und trocken. 8.30 Uhr breche ich auf, nach ca. 1 Std. Zusammenräumzeit.

Es geht jetzt an der Ostflanke des Gudbrandstal entlang, immer auf und ab, mal auf Wiesen-, festen-, Waldwegen, oft durch Wiesen und Weiden, sehr oft durch Zaunübergänge (minde-stens 20 Stück) zum großen Teil als Zauntreppen, wo ich´s Wägeli abschnallen und

zuerst drüber heben muss, bevor ich selbst über die Treppe zur anderen Seite gelange. Es gibt auch Tore und Türchen, die aufgemacht und wieder verschlossen werden müssen. Meist kann ich´s Wägli dazu entsprechend hin manövrieren, manchmal eben auch abschnallen. Seltene Vögel heute: Wasseramseln, Kolkraben, Schwarzspecht und Kraniche unter mir auf der Hangwiese. Ein sehr schöner Wegabschnitt: von Nermo bis Hovre.

Es ist sicher heute der anstrengendste Tag für mich und so bin ich froh, dass wenige km vor meinem Tagesziel, direkt über dem Tal, eine kleine Hütte mit Herbergszeichen steht. Drinnen ein Raum mit Stock- und Einzelbett, einer mit Einzelbett (50,- NOK), Wasser in Kanistern, verschie-

dene Fertigprodukte und ein Wasserkocher.

Nach dem Waschen mit der Waschschüssel von oben bis unten mache ich mir erst einmal eine heiße Schokolade, später noch eine dicke Nudelsuppe, lüfte meine Kleidung einschl. Schlafsack, der im Zelt immer unten etwas feucht zieht und versorge meine Füße, Blase 17: re. großer Zeh außen; hier war die ganze Zeit eine dicke Hornhautblase die jetzt ab ging, darunter rohes Fleisch. Mache gleich ein Pflaster drauf und fixiere dieses mit Panzertape. Auf den jeweils 2.ten Zehen sind rote Stellen, da muss ich konsequent Schaumstoffröhrchen drüber machen. Auch der Schaft vom li.

Wanderschuh hat den ganzen Tag gedrückt. Morgen versuche ich mal mit den Original Hanwag-Einlagen zu laufen. Heute habe ich das erste Mal Schmerzen in beiden Knien. Sigrid hat angerufen, Jan ist wieder zu Hause. Ich solle doch von Trondheim wieder heimkommen! Später noch mit Jan telefoniert.

"Rolla-Bru" im gleichnamigen Naturreservat

Sonntag 29.06.2014

Ich stehe spät auf, mache Kaffee und esse Kekse und Wasa mit Schoko (in der Hütte) gehe auf's Plumsklo und zum Wasser, was beides 100 m bergauf am Hang ist, packe, tausche Einlegesohlen und gehe 9.45 Uhr los. Bis zur nächsten Herberge, die gestern eigentlich mein Ziel sein sollte, sind es noch eine gute Stunde Fußmarsch (ausgeruht) und das extrem bergauf und –ab. Da hätte ich gestern sicher aus dem allerletzten Loch gepfiffen. Es geht noch mächtig bergauf auf 510 m NN und dann in Wellen ständig bergab mit vielen umgestürzten Bäumen quer überm Weg, Fels- und steile Hangpartien und Zauntreppen – nacheinander. Bei einer denke ich, die nächste müsste eigentlich hangparallel kommen, also schnalle ich mal se Wägli nicht hinter mich, sondern schiebe es wie eine Schubkarre vor mir her. Und, nachdem ich die Bremse etwas enger gestellt habe, geht das sogar extrem steile Passagen runterwärts super gut, ebenso wie auf geradem Weg oder leichten Steigungen, kann ich so z.B. Hindernisse wie Felsen, Baumstubben, usw. sehenden Auges an- / umfahren und so meinen Weg viel leichter gehen. Die Bremse habe ich so eingestellt, dass mein Handballen am Bremshebel liegt und ich nur den Führungsholm etwas anheben muss und es bremst. So geht´s wunderbar bergab.

Unterwegs, ein schöner Rastplatz bei einem wilden Gebirgsfluss und dort kann ich während der Brotzeit einer Wasseramsel mit ihrem Jungen beim Jagen zuschauen. Weiter unter dann die historische Brücke „Rolla bru", ein traumhaftes Fotoobjekt in mitten des Naturreservates „Rolla", wo es laut Infotafel Luchse, Elche, Ottern, Haselhühner u.v.a. seltene Arten gibt.

Nach dem Fotostop gehe ich weiter entlang des Flusses den Berg hinab. Aber es gibt hier keine Wanderzeichen mehr. Stutzig geworden lese ich im PiFü nach: „ … über die historische Steinbrücke …"; ich bin vorher links abgebogen. Es dünkt mir aber, dass die Brücke gesperrt ist. Na, trotzdem, wieder rauf. Und die Gebirgsflüsse hier haben ordentliches Gefälle, sodass ich wieder ganz schön aufsteigen muss. Oben angekommen – die Brücke ist gesperrt und WZ zeigen links hinunter. Also ich auch wieder runter. Nirgends mehr ein WZ zu finden und jetzt befinde ich mich direkt an der E6 unten am Fluss und gegenüber der Campingplatz „Mageli". Also ich da hin um nach dem Weg zu fragen. Auch haben die einen Shop und ich kann mich mit Lebensmitteln für heute Abend eindecken, habe ich doch nur noch ein winziges Stück Käse und ein paar Kekse. Hier erfahre ich, dass der Weg ca. 100 m entlang der E 6 geht (im Seitenstreifen – ohne Standspur – quasi auf der Autobahn), dann aber rechts weg in den Wald führt. Dort finde ich wieder WZ bis zur nächsten Kreuzung, dann wieder keine und auch im PiFü keine eindeutige Aussage. Ich – nach Bauchgefühl links, aber weit und breit kein WZ. Irgendwann soll aber laut PiFü eine bezeichnete Abzweigung auf der danebenverlaufenden E 6 kommen, also kann ich nicht so falsch sein.

Die Ankündigung der Abzweigung kommt und es gibt wieder WZ, gleich 3 Stück hintereinander. Ich habe das Gefühl, dass jedes Jahr jemand geschickt wird, die WZ zu ergänzen (sie sehen auch immer etwas anders aus), der dann vor oder hinter vorhandenen die Neuen anbringt, aber nicht auf fehlende oder richtig angebrachte, z.B. an Kreuzungen / Abzweigungen, etc. achtet.

Ich habe aber meinen Weg, der allerdings im PiFü ebenfalls falsch bezeichnet ist und es geht entlang einer kleinen Straße wieder hinauf zur Herberge „Berget", wo ich für 100,- NOK im alten Stabbur unterkomme. Im Haupthaus gibt es ein tolles Bad – duschen nach 3 Tagen war gleich angesagt - sowie eine bestens ausgestattete Küche wo ich mir vielleicht Morgen einen Kaffee gönne.

Ich wasche auch mal wieder Socken und Unterwäsche um irgendwann mal wieder was Frisches zu haben. Hoffentlich trocknet alles über Nacht in meiner Hütte. Körperpflege, einschl. Blase 17 aufschneiden, TB und einige Postkarten schreiben, die ich bereits in Hamar gekauft habe.

Jetzt habe ich noch ein wundervolles Erlebnis. Nach 19 Uhr, ich sitze in meinem Stabbur und es klopft an der Tür. Ein Pilger, Gerd aus Belgien. Erst denke ich, der will auch hier schlafen. Nein, er schläft im Hauptgebäude, aber er wolle unbedingt den Pilger Christian kennenlernen, dessen Name er schon in Dänemark sehr oft in Herbergen und Gästebüchern gefunden hat. Er ist in Belgien gestartet und über Holland, Deutschland, eben auf meiner Strecke in Dänemark gelandet und hat mich jetzt eingeholt, war allerdings in Norwegen auf dem Westweg, das heißt von Oslo bis Lillihammer auf der anderen See- bzw Flussseite. Heute Mittag sah er meinen Namen im Gästebuch der Hütte und eben hier. Er war auch schon von zuhause in SdC und in Rom. Wir haben uns bis eben super unterhalten und ich wollte eigentlich Postkarten schreiben.

Montag 30.06.2014

Lange geschlafen gehe ich 8.40 Uhr weiter. Vor dem nächstgrößeren Ort Favang kommt mir Gerd schon entgegen, obwohl er sich heute Morgen mit mir von der Wirtin verabschiedet hat. Ich habe noch Regenkleidung angezogen, da es kräftig anfing zu regnen. Gerd sagt, genau an dieser Stelle ist er nicht weitergekommen und daher erst mal in den Ort gegangen um einen Kaffee zu trinken. Er fragt, ob wir ein Stück gemeinsam die WZ suchen.
Das Erste ist an einem abgefaulten Pfahl, den jemand falsch herum hingestellt hat, deshalb kam Gerd nicht weiter. Ich drehe ihn richtig, aber schon nach 40 Meter wieder eine Gabelung ohne Kennzeichnung. Er rechts, ich links, er kommt irgendwann nicht weiter, also muss links richtig sein. Wir gehen eine Zeitlang zusammen aber er ist viel schneller als ich und nach einer gemeinsamen Pause zieht er alleine los. An der Kirche von Ringebu sehen wir uns wieder. Die Kirche ist außen leider vollkommen eingerüstet und innen ist eine große, norwegische Touristengruppe mit Führer und so bleibe ich auch nicht lange.
In Ringebu kaufe ich Verpflegung für mehrere Tage und esse 2 gegrillte Kotletten mit „Sommersalat" – leider mehr Majo als sonst was. Das Wetter ist furchtbar durchwachsen. Mal schüttet es, dann Sonne, Schauer, Nieselregen und alles in gewittriger Abendstimmung, die Schnaken sind ganz wild, sodass ich sogar das Moskitonetz über den Kopf ziehe. Irgendwann verlaufe ich mich das zweite Mal und sage mir: „Noch einmal heute, und ich fahr heim."
Dazu soll es dann doch nicht kommen. Cirka 3 km vor der Herberge soll es laut Pi-Fü nochmals kurz kräftig und steil hoch gehen und zur Herberge runterfallen. Es kommt aber ganz anders. Wegen einer Baustelle an der E6 ist dieser Pfad direkt an der Flanke zur E6 gesperrt und die Umleitung geht, winkelrecht zur Hangkante auf die nächste Höhenstufe, was bedeutet, es

geht fast 200 Höhenmeter senkrecht über Hangwald, Felsnasen, und viele, viele Zauntreppen, wo hunderte Schnaken warten. Die absolut schwerste Strecke bisher.

Seit 1430 Pilgerherberge auf dem historischen Hof "Sygard Grytting"

In der Herberge treffe ich Gerd wieder. Komme erst 19.30 Uhr an, vollkommen durchgeschwitzt und absolut erledigt. Füße und Knie tun richtig weh, am meisten aber die Ohrläppchen. Das war für die Schnaken die einzige erreichbare Stelle, an der sie nicht im Schweiß ertrinken würden. Dieser Schweiß sorgte auch dafür, dass ich durchs Moskitonetz nichts mehr sah und es daher abnehmen musste. Auf den Bergen vor und neben mir, ca. 1300 m hoch, liegen noch große Schneefelder. Jeden Tag schält sich die Nasenspitze, nach dem Waschen oder Nase putzen / trocknen blutet es. Auch die Unterlippe zeigt immer wieder Bläschen, trotz Eucerin Lippencreme. Mein Verdacht, im Ventil des Trink-schlauches stecken die Keime. Den muss ich eh wegwerfen, weil dreckig und nicht zu reinigen.

Historische Pilgerstube in Sygard Grytting

Dienstag, 01.07.2014

Um 8.30 Uhr verlasse ich das Pilgerzentrum Dale-Gudbrand in Hundorp. Vorher macht der Herbergsleiter noch einige Bilder von mir und dem Wägli, natürlich mit „seiner" Herberge im Hintergrund und neben dem Km-Stein „323 km". Der Stein ist ein Synonym für die Herberge und ganz Norwegen. Eine winzige, gravierte Tafel soll die Entfernung zeigen, aber die ist so zerkratzt, dass man alles oder nichts darauf lesen kann.

Im Innern das Gleiche, z.B. die Toilettentür geht nur mit Anwendung grober und äußerster Gewalt nach innen auf, sodass jeder Benutzer – und es gibt nur den einen Raum mit WC, Dusche, Waschbecken, Waschmaschine und Trockner – solange an der Tür reißt, bis sie endlich aufspringt. Dementsprechend ist die Türklinke auch schon beinahe „aus den Angeln" gerissen und das nur, weil die Türe unten aufsitzt und niemand in der Lage scheint, sie höher zu hängen oder unten abzuhobeln. Bei fast 20 Betten in der Herberge wird die Tür täglich bestimmt 100mal aufgerissen. Für Norwegen steht das Gleiche. Frau Wagner in Moelv nannte es „vernachlässigt", ich schlampig. Z.B. Verkehrszeichen, Leitmasten, etc. jedes/r Zweite krumm, Zebrastreifen abgefahren und nicht mehr erkennbar, Leitplanken durchbrochen oder defekt. Bevor ich endgültig starte, gehe ich noch zur Erinnerungssäule an die Christianisierung durch König Olav.

Jetzt weiter. Das erste riesen Ärgernis bereits in 200 m. Schicken mich der Herbergswirt und die WZ doch direkt über die E 6, dort durch ein Weidegatter (auf – zu), 150 m parallel zur E 6 durch eine nasse Wiese, um dann über eine Zauntreppe wieder raus auf einen Abzweig von der E 6 zu gelangen. Das wäre auch gefahrlos im Bankett der Straße gegangen.

Kurz vor der Herberge Sygard Grytting holt mich Gerd ein, er war auch über die Wiese gegangen, hatte aber dann Abkürzung 2 + 3 genommen, ich nur die 3. Er: „Wollen wir nach einem Kaffee fragen?". Ich zögere erst, sage dann aber zu und so klopft er am Herrenhaus des Gutes. Die Hausfrau ist nicht sehr erpicht, willigt dann aber doch ein, kocht eine ganze Kanne Kaffee für uns, serviert Pfannkuchen mit eingebackenem Käse und wir sitzen auf der Hausbank und unterhalten uns lange und prächtig mit ihr.

Erst gegen 11 Uhr gehen wir weiter, nachdem für alles 60,- NOK zu zahlen sind. Die Herberge und das ganze Ambiente – ein Traum, das Schönste, was ich diesbezüglich auf dieser Wanderung sah. Alles hübsch ordentlich und sauber, mit Liebe und Gefühl dekoriert, von Wurzelmännchen, Figuren, überall alte Werkzeuge, Felle, Ausstattungsgegenstände, glückliche Hühner picken auf dem Hof und selbst die Schafe hören sich glücklich an. Das Gebäude der Herberge ist vor 1350 gebaut und damals war es schon Pilgerhospiz. Die Einrichtung könnte ebenfalls noch fast aus dieser Zeit sein. Wunderbar, stilvoll, christlich geprägt mit Hausaltar, Gottesmutter, etc. Es ist sehr schwer, hier loszulassen und weiter zu ziehen.

Nach dem Aufbruch bleibt Gerd noch eine Weile in einer immensen Steigung entlang eines Schmelzwasserbaches hinter mir. Wahrscheinlich will er sehen, wie ich mit dem Wägli so umgehe und vorankomme. Bei der ersten Zauntreppe mitten in diesem steilen Gefälle zieht er dann weiter und da wir beide vorhaben, irgendwo unser Zelt aufzuschlagen, war auch Abschied nehmen angesagt.

Jetzt folgt die schönste Tagesetappe auf der ganzen Tour. Vormittags ist es noch trocken und es geht gleich rauf von 300 m NN bis 625 m NN, oft lange Strecken senkrecht zur Hangneigung, manchmal auf schmalen Schotter-/ Geröll-/ Waldpfaden, dann auf Fahrwegen in Serpentinen oder auf Rückestraßen wieder senkrecht und das in stark einer Stunde. Dafür geht´s durch wunderschöne Wälder, die Wege eingefasst von Orchideen, z.B. geflecktes Knabenkraut – ganz klein, blühendes Fettkraut (fleischfressende Pflanze) u.v.m. über Bäche, Flüsse und Schluchten, vorbei an Almen und Bergwiesen, Trockenheiden und Felsbändern und immer wieder spektakuläre Ausblicke auf Tal und Gebirge, Schneegipfel und Wolkenbilder. Aus heiterem Himmel fängt es an zu schütten, doch ich kann unter einem Felsvorsprung das Ende abwarten, Pause machen und meine Regenhose anziehen, da jetzt hohes Gras und Sträucher triefnass sind.

Es geht wieder runter auf die Talsohle und auf der anderen Seite wieder rauf auf über 650 m NN. Trotz der gewaltigen Anstrengungen auf die Höhen zu kommen, geht es mir super gut, meine Füße und Knie sind wohlauf und ich fühle mich richtig toll. Ist der Tag (gefühlt) so schön wegen des schönen Kaffeeerlebnisses und der guten Gespräche, oder wegen der Pausenzeiten, die meinen Füßen irgendwie „Luft verschafften", oder weil dies der erste Wegabschnitt in N ist, der sauber, ausreichend und richtig markiert ist, was man sicherlich dem nahen Pilgerzentrum zu verdanken hat ? Auf der zweiten Höhe mache ich wieder Pause in herrlichem Sonnenschein, die

Regensachen sind am Körper getrocknet und selbst ein Sturz zusammen mit dem Wägli in unwegsame Himbeergebüsche mit Stacheldraht versetzt, tut meiner guten Stimmung keinen Abbruch.

Ich schalte mein Smartphone ein und will doch wenigstens meine Positionsdaten durchgeben, was ich schon 3 Tage nicht mehr gemacht habe. Dabei gehen mehrere SMS ein: Jan hat versucht, mich zu erreichen und eine SMS geschrieben: „Teilen so schnell wie möglich" und auch Katrin hat kurz vorher versucht, mich zu erreichen. Also rufe ich erst Jan an, da ich mit der SMS gar nichts anfangen kann. Er hört sich sehr anders an und sagt nur, ich solle Sigrid mal anrufen. Dann telefoniere ich mit Katrin, zu Hause scheint „die Welt zusammenzubrechen". Hier fasse ich meinen Entschluss: ich breche ab und fahre schnellstens nach Hause.

Danach rufe ich Sigrid an, frage nach und teile ihr meinen Entschluss mit. Nun muss ich noch ins Tal um an eine Verkehrsverbindung zu kommen und es fängt wieder an zu schütten. In Regensachen gehe ich die Abkürzungspfade zwischen den Serpentinen obwohl im PiFü. bei Nässe dringend davon abgeraten wird. Aber den Berg runter kann ich mich auf mein Wägli verlassen.

Oben war ich heute zwei Mal gestürzt. Das erste Mal auf einem ganz schräg hängenden Pfad und plötzlich lag ich in den Brennesseln und Himbeeren mitten auf einem Zaun. Der hatte hier Gott sei Dank mal keinen Stacheldraht als „Krönung". Ich, s´ Wägli, die Führungsholme und Haltegurte waren vollkommen mit Zaun, Himbeeren und Geröll „verstrickt" und es dauerte gefühlte Stunden, bis ich mich befreit und wieder aufgemacht hatte. Das zweite Mal rutschte ich auf einer glitschigen, sehr steilen Felsplatte aus und fiel auf den Hintern. Das Wägli hatte ich vorn und so war´s halb so schlimm. Mir brannte danach nur das linke Schienbein in der Regenhose. Sollte ich mir etwas aufgeschlagen haben? Später sehe ich, dass es doch nur die

Letzter Blick in die norwegische Landschaft; danach kurzfristig anberaumte Rückreise.

Spuren der Brennesseln und Himbeeren sind, die im Schweiß und der Hose brennen.

Erst kurz vor 20 Uhr bin ich im Tal. Einen Bahnhof hat der Ort Kvam nicht, Busfahrpläne gibt es auch nicht an den Haltestellen.

Also zum Übernachtungsplatz, einem Campingplatz. Was ist das? Das Hinweisschild ist durchge XXXX t. Egal, wenn kein meterhoher Zaun drum herum ist, schlage ich dort mein Zelt auf, dachte ich. Wie ich zum Platz einbiege winkt mir Gerd schon zu. Auch er hat dort Zuflucht gesucht, außerdem ein deutsches Ehepaar, die in der PiHerberge 5 (siehe vorne) übernachtet, bzw. dort auch angefangen haben. Da nicht bekannt war, dass der Campingplatz auch, wie die Herberge am Berg geschlossen ist, ließ uns der Besitzer im ehemaligen Fernseh-/ Aufenthaltsraum übernachten. Die beiden Deutschen, weil mit Bus und Bahn angereist, kennen sich mit Fahrplänen in N aus und wissen, dass im nahen Hotel die Pläne aushängen und die Überland-Buslinien dort auch abfahren. Ich esse etwas und gehe dann zum Hotel, finde die Pläne und auch Busverbindungen, sogar direkt zum Osloer Airport. 2.55 Uhr fährt der Nächste und ist 6 Uhr da. Ich surfe noch im Internet via Smartphone um eine Flugverbindung zu eruieren, finde SAS, Abflug 16.40 Uhr direkt nach Frankfurt, schaue mit Gerd noch das Fußballspiel Belgien – USA und weitere an (es ist ja gerade Fußball…meisterschaft), da ich sowieso nicht schlafen kann. 2.10 Uhr packe ich, bin 2.40 Uhr am Hotel bzw. Abfahrplatz der Überlandbusse. Da stehen 5 blaue Busse, ich finde den Richtigen und für 425,- NOK fahre ich direkt zum Oslo-Flughafen. Dort zur Info wegen eines Reisebüros – gibt es nicht. Die nette Dame sucht mir einige Flüge aus, SAS und Lufthansa fliegen quasi alle 2 Stunden. Ein freundlicher Info-Helfer geleitet mich zum Terminal von SAS, eine sehr nette Dame dort findet die Vormittagsflüge auch viel zu teuer, 9.500,- NOK und kommt auch auf den 16.40 Uhr für 4569,- NOK, stellt das Ticket aus, begleitet mich zur Gepäckannahme, die nehmen mein Wägli in 2 Teilen an (Unterbau und Tasche) getrennt, weil sonst zu hoch und zwei Gepäckstücke sind im Preis inbegriffen.

Und so habe ich um 8 Uhr schon das Gepäck los und mein Ticket in der Tasche, das auch noch einen kostenlosen Lunch bei SAS beinhaltet und so muss ich nur warten, bis es Zeit wird einzuchecken, also: TB, die letzten Seiten, - Airport erkunden, - ausruhen (im Bus habe ich keinen Schlaf gefunden) … 16.15 Uhr

Rückflug Oslo - Frankfurt

Bording, 16.45 Uhr Start, Flug über Skagen, Dk, über dtsch. Boden leider zu dichte Wolken, Ankunft in Frankfurt mit etwas Streß, da das Fahrgestell vom Wägli Schaden genommen hat, Schadensmeldung, dabei Suche nach einer Zugverbindung, zum ICE-Bahnhof gehetzt, der Schaffner will mich mit dem Wägli nicht mitnehmen – nur im Kinderwagenabteil, das mir freundlicherweise seine liebenswürdige Kollegin zeigt, bevor Sekunden später der Zug anrollt. Kurz vor 22 Uhr bin ich in Mosbach und kann meine Lieben in die Arme schließen.

Auf Pilgerwegen durch Skandinavien II

Vorwort: Nachdem ich 2014 meine Pilgerwanderung auf dem Olavsweg von Hamburg nach Trondheim nach 6 Wochen und 1000 km aus familiären Gründen abbrechen musste, wollte ich 2016 die Reise fortsetzen und wie geplant abschließen. Allerdings wurde ich von einem Kolpingbruder – Karl – im Frühjahr gefragt, ob ich nicht mit ihm nach Rom pilgern würde, alleine wollte ihn seine Frau nicht fortlassen. Für mich war das kein Problem, also ging es 2016 von Konstanz auf dem Jakobsweg durch die Schweiz bis nach Lausanne und von dort weiter auf der Via Francigena nach Rom. (Siehe Literaturhinweis auf der letzten Seite.)

2017 geht es dann wieder auf den Olavsweg. Begleitet werde ich die ersten 14 Tage von meinem Sohn Jan, der 2014 auch der Grund für meinen Abbruch war.

Diese 2 Wochen waren für mich und ihn ein wundervolles Vater – Sohn – Erlebnis.

Gemeinsamer Start in OTTA

8.07.2017

Ab Frankfurt geht es mit dem Flieger nach Oslo, von dort mit dem Bus nach Otta, eineinhalb Etappen nach Kvam (Abbrechort 2014) da wir nur so die Chance haben, in der verfügbaren Zeit Trondheim zu erreichen. Der Bus fährt 10.20 Uhr ab und kommt gegen 15 Uhr in Otta an. Bei leichtem Regen machen wir uns auf den ersten Abschnitt der Tour und sind ca. 18 Uhr in Jorundgard Middelaldercenter.

Die Pilgerherberge dort ist voll, aber in einem Nebenhaus gibt es bei einer Gruppe noch genau 2 Betten im urigen Blockhaus. Die Gruppe hat die Hütte gebucht und bekommt sogar Abendessen. Mit ihr unterwegs ist Günter aus Neckargemünd und das Hallo ist groß.

Pilgerherberge im
Jorundgard Middelaldersenter

Weitere Gruppenmitglieder sprechen deutsch und es gibt schon am ersten Abend schöne Unterhaltungen.

Sonntag, 9.07.2017

Gut geschlafen, trotz der einfachen Metallklappbetten und ganz dünnen Matratzen. 7 Uhr stehen wir auf, 7.45 Uhr sind wir wieder unterwegs. Nach dem Dorf geht es gleich zur Sache. Steile Anstiege, Felsen, glitschige Wurzeln, aber auch Forststraßen und wundervolle Waldwege. Beim Aufstieg fängt es an zu regnen, Ponchos raus; es hört aber bald wieder auf. Jan hat Reibestellen an den Fersen. Pflaster drauf, Schuhe anders binden, weiter. Gegen 11.30 Uhr sind wir am Campingplatz Vollheim, Cola-Pause mit Keksen.

Weiter geht es auf einer Landstraße, dann über matschige Forstwege hinauf und im Abstieg wieder glitschige Felsen, mich haut es hin, aber – alles gut, es geht weiter, wieder auf der Landstraße bis nach „Engelhus". Hier steckt ein Schlüssel mit der Nachricht:

Pilgerherberge Engelshus

die Eigentümer kommen am Abend, es ist alles offen, mehrere kleine Holzhäuser mit unterschiedlichen Zimmern.

Wir beziehen das Haus mit dem Mehrbettzimmer – sicher das günstigste. In der Küche finden wir Kuchen, Teebeutel, Kaffeepulver und die Einladung, zuzugreifen. Anke aus Lehr kommt dazu, wir trinken Tee / Kaffee auf einer wunderschönen Terrasse bei Sonnenschein und toller Aussicht. Es kommen noch Stefan und Nora (Düsseldorf) sowie ein holländisches Paar, die alle gestern Abend auch im Mittelalter-Center waren, aber in der PiHe. Unterwegs haben wir schon 2 Rehe gesehen, Elchspuren kreuzen unseren Weg und wir sind an einer alten Wolfskastenfalle vorbeigekommen. Die nette Hausherrin kommt, bietet Abendessen

Letzter Blick zurück ins Gudbrandsdal, das diesem Olavsweg seinen Namen gibt

an. In der Pilgerhütte (2 x 250,- NOK) sind wir zu 5. Die NL haben im Gästehaus ein DZ. Wir sitzen noch lange auf der Terrasse. Später wird es empfindlich kühl obwohl die Sonne immer noch wie vor 3 Stunden überm Horizont steht, nur weiter nach WNW ist sie gewandert. Nachts um 2 Uhr bin ich mal draußen, es ist immer noch hell – Mitsommer lässt grüßen.

Montag, 10.07.2017

7 Uhr aufstehen, Stefan ist schon weg. Über der Herberge steht ein Regenbogen – sehr schön. Es geht 4 km auf Asphalt nach Dovre, wir kaufen ein: Brot, Käse, Wurst, Gurken, Blasenpflaster für Jan. Meine Badelatschen habe ich gestern Abend geschrottet. Denke, komme ohne welche aus. Gehe eh lieber in Sportschuhen. Nach weiteren km auf der Straße kommt der „Gammel Kongsvegen", der alte Königsweg und damit der Aufstieg auf´s Fjell auf Originalwegen. Es geht 45 Minuten richtig steil rauf, dann wird´s gefälliger, bis zum höchsten Punkt sind´s 650 Hm, dann wieder

300 Hm runter zur Herberge. Wir überschreiten die Baumgrenze, dann kommt nur noch „Zwergstrauchheide", später kommen wir noch an kleine Schneefelder in den Senken, es geht über Flüsse und Bäche – meist auf Steinen - durch mooriges, morastiges Gebiet, teils von Stein zu Stein, manchmal auf Holzbohlen, immer wieder durch den Morast. Von der Steinpyramide „Allmannroysa" sehen wir schon

Fokstugu, es sind aber noch 8 km bis dahin. Vor der Herberge geht´s durch Krüppelbirkengebüsche und mannshohe „Zwergweiden" auf schmalen Fußpfaden.

Olavswegpfahl "Allmannroysa"

15.30 Uhr kommen wir an, werden von der Hausherrin empfangen, ins Haus eingeführt, wir haben mit Anke ein 3 Bett-Zimmer, da ich gestern für 3 Personen reserviert habe. Im „Tante-Emma-Laden" kaufen wir Cola, Schokolade, Nüsse, eine Dose Eintopf, den Jan in der Küche zubereitet. Wir essen draußen im Sonnenschein, die Wäsche trocknet auf dem Weidezaun, später kommen noch das NL-Paar, Nora, Stefan zeltet nebenan auf der Wiese, die Schweizer Mädels Franziska und Katrin, die wir beim Aufstieg kennenlernten und 2 Neue. Die Herberge ist gut voll.

Hinter dem Anwesen ist das Naturreservat: „Fokstumya", laut aufliegendem Flyer ein super interessantes Vogelschutzgebiet und ich glaube, dort war auch der Wendepunkt unserer Wohnmobiltour 2000 durch Norwegen. Ich sitze 19 Uhr draußen in der Sonne, vor mir flattert die Wäsche, dahinter das NSG und am Horizont schneebedeckte Berge. 20.30 Uhr ist noch „Abendlob" in der Kirche des Hofgutes (Fokstugu heißt: Kirchenort) mit einer Bischöfin aus Hamar (Lutheraner) und morgen früh 8 Uhr ist Laudes. Ich gehe bezahlen (2 x 440,- NOK plus 400,- NOK für Lebensmittel). Die Besitzerin spricht perfekt deutsch. Zur Laudes treffen sich die Pilger in der kleinen renovierten Holzkirche. Ein sehr schönes Erlebnis, Psalmen auf norwegisch, gemeinsames Singen: Laudate omnes g...., Vater unser in S, D, CH, N. Danach gehe ich noch zum Beobachtungsturm im NSG, sehe einen Elch, höre Kraniche, bin gegen 23 Uhr zurück, Bettruhe.

Fokstugu Fjellstue mit Pilgerherberge

Dienstag, 11.07.2017

7.20 Uhr aufstehen, fertig-machen, zum Morgenlob. Jans Blasen versorgen, packen, 8 Uhr Laudes, wieder mit der Bischöfin, Texte (Psalmen) auf N. Ich habe angeboten, das Laudato si ... (Sonnengesang) zu singen, komme damit gut an, die CH-Mädels singen kräftig mit. Wieder das „Vater unser" in allen anwesenden Muttersprachen, Fürbitten für jeden Übernachtungsgast namentlich durch die Hausherrin (wir waren über 25). Danach den bischöflichen Pilgersegen. Zum Schluss singen wir noch in deutsch: „Danke für diesen guten Morgen" aus einem Liederbuch, das ich gestern Abend in der Bibliothek des Hauses fand. Dort steht auch: „365 Meditationen auf dem JW". Die Seite, die ich aufschlage heißt: „Wer den Weg mit maximaler Geschwindigkeit geht hat weder Kopf noch Herz"!!!

Fast alle sind schon weg bis wir vollends eingepackt und uns bei der sehr einfühlsamen, fürsorglichen Hausherrin verabschiedet haben. Es geht im Nebel und leichtem Nieselregen ca. 30 Min. hoch, dann im Fjell ein ständiges auf und ab, Nebel und Regen verziehen sich, ab und an kommt die Sonne durch. Zur Mittagspause können Pulli und Hosenbeine weg, am späteren Nachmittag wird´s kühler, Halstuch – Bundeswehrtaschentuch, das eigentlich als Schweißtuch per Karabiner am Rucksack hängt, und Multituch für Stirn und Ohren kommen zum Einsatz. Der Abstieg zieht sich ewig. Es geht mal schön am Seeufer längs, sehr oft aber über Wassergräben, moorige und morastige Flächen, nicht immer gibt es Bohlen, Stege oder wenigstens Steine zum Durchqueren. Gegen 16 Uhr kommen wir am Campingplatz Hagesetter an, haben die Auswahl zwischen Hütte (750,- NOK für 4 Pers.) oder Zweibettzimmer (650,- NOK). Wir nehmen das Zimmer, da wir nicht wissen, ob noch jemand dazu kommt. Mit dem Eintreten in die C-Rezeption fängt es

draußen an zu schütten – gut getimt. Wir genießen erst mal Kaffee, Cola und Kuchen, beziehen dann ein wunderbares Zimmer im 1. OG; zuvor kommt noch Stefan, der zeltet hier und bleibt evtl. länger, da er Probleme mit seinem Knie hat. Wir ruhen uns schön aus, entspannen, schreiben Tagebuch, draußen immer wieder kräftige Regenschauer. Die Etappen von um die 20 km durchs Fjäll sind echt genug. Noch was dranhängen schaffen / wollen wir beide nicht. Jan braucht viel Schlaf und holt ihn sich auch. Bei der Ankunft sagt er: „Die letzten beiden Kilometer zogen sich so lange wie der ganze restliche Tag", was doch viel aussagt.

Nach dem chillen gehen wir nochmals ins Cafe, Nora (zeltet hier) und Tschia aus Frankfurt sitzen am Tisch, wir dazu und unterhalten uns gut übers Reisen, Ausrüsten, u.v.m. 21.30 Uhr geht's ins Zimmer. Es schüttet die ganze Nacht bis ca. 6 Uhr.

Mittwoch, 12.07.2017

8 Uhr frühstücken wir im Cafe. Jan: Buffet 120,- NOK, ich: 2 Kaffee + Kuchen 100,- NOK. 9 Uhr starten wir. Rückblickend auf die Höhen über die wir gestern kamen, alles weiß – eingeschneit. Es ist sehr kalt und nieselt noch etwas. Wir haben Regenhosen an, auch wegen des Wassers an Gras und Büschen. In den Wegen und Pfaden steht das Wasser und die Bäche und Flüsschen, die auf Steinen überquert werden müssen, sind stark angestiegen. Aber unsere Schuhe halten. Auf dem Fjell rufen Kuckucke, die Wolken reißen auf, ab und zu kommt die Sonne raus. Vor Hjerkinn Fjellstue durchqueren wir eine Moschusochsenzone, wo Trittsiegel und Kothaufen auf dem Weg deren Anwesenheit bestätigen. Sehen lassen sie sich nicht. In Fjellstue machen wir Kaffeepause, das NL-Paar ist schon da. In ihrem englischen Führer ist eine kürzere Alternativroute angegeben. (Sie waren mit uns gestartet.)

Dann geht es auf schönen breiten Wegen hoch auf 1200 m NN (300 Hm) und gemächlich wieder runter auf die Höhe der E 6, vorbei an einem Parkplatz, mit Infotafeln zum Wandern im Moschusochsen-Gebiet. Unterwegs einige Flüsschen, die gerade noch ohne Schuhe ausziehen, überquert werden können. Der nächtliche Starkregen hat für erheblichen Wasserzufluss gesorgt. Nach einer schönen Pause im 2. Aufstieg des Tages geht´s bei immer blauer werdendem Himmel langsam dem

Tagesziel Kongsvold Fjeldstue, wieder an der E 6 gelegen, entgegen. Die Tagestemperaturen waren sicherlich unter 10 Grad Cel. 15.30 Uhr kommen wir an, 2 Betten im Vierbettzimmer (später stoßen noch die NL dazu) kosten 800,- NOK, mit Frühstück für Jan und Kaffee für mich: 1.000,- NOK. Nora und Marc (Spitzname: Teebaumöl) kommen noch. Die CH-Mädels brechen gerade auf (machten hier Pause) und wollen noch 10

Einziger Windschutz auf dem Fjell

km weiter dann wild zelten. Sie sind gestern bis Hjierkinn Fjellstue gewandert und haben dort ein Abendbuffet und die Pilgerhütte genossen. In Kongsvoll gibt es einen schönen Bergblumengarten, den ich mir noch anschaue, während Jan heute Wäsche macht und das Vesper richtet. Von unserem Brot und Käse geben wir Marc + Nora ab. Die lassen uns von hier gekauften Moschusochsenwurst und –schinken probieren.

Donnerstag, 13.07.2017

7.20 Uhr aufstehen, 8 Uhr Frühstück im Hotel, 9 Uhr Abmarsch auf der markierten Route. Wir sehen die Frankfurter unten auf der E 6 laufen, später überholen uns dort auch die NL und wir gehen bei nächster Gelegenheit auch hinunter, sparen dadurch sicherlich 1 Stunde Kraxelei. Nach 3 km E 6 am Parkplatz „Varstigen" kommt der Originalweg auch wieder runter und geht von der E 6 wieder hoch. Über sehr steile Wege geht es hinauf über die Waldgrenze ins Fjell. Es wir kühl, kalter Wind pfeift um uns herum. Zur Pause finden wir einen großen Fels in der schutzlosen Landschaft, der uns etwas Windschutz bietet.

Pilger-Refugium "Ryphusan" im Abstieg vom Dovre-Fjell

Pilgerkapelle St. Mikael

Zum Weitergehen ziehen wir alles Mögliche an: Regenhosen, Vlies-, Windjacken. Die Mütze von Jan müssen wir sichern. Es geht vorbei an Jagdhütten, Pferdealmen, dann auf breiten Wegen weiter zum höchsten Punkt (1314 mNN) auf dem Olavsweg. Jetzt geht es beständig bergab, der Wind kommt kräftig von vorne, ab und an mit waagerechten Graupelschauern. 15.30 Uhr kommen wir in Ryphusan an. Jonas aus Mainz ist schon da. Wir kochen eine Dose Eintopf (gibt's hier zu kaufen), gegen 16.30 Uhr kommen die NL, später Nora, dann Marc; der geht aber noch 15 km weiter. Auf dem Fjell: viele Gruppen Steinschmätzer, ein … Wasserläufer kämpft gegen den Wind. Tschia, die Frankfurterin, kommt noch dazu. Wir sind zu 7. in der Hütte, ohne Strom, Wasser von der nahen Quelle, Plumpsklo - 2sitzer, Gasheizer, -ofen, Geschirr und div. Fertiggerichte. Jan macht für uns eine Dose Labkaus (50,- NOK), wir essen Brot dazu. Recht früh, gegen 21.30 Uhr kehrt Ruhe ein und alles schläft, selbst ich schlafe auf der Tour gut bis sehr gut, auch wieder diese Nacht.

Freitag, 14.07.2017

Morgens gegen 6 Uhr schnarcht Tschia ein wenig. Ich verdächtige Jan, aber der NL stößt Tschia an und sie steht auf. Um 7, als alle aufstehen ist sie weg, kommt aber gegen 7.45 Uhr wieder mit Rucksack. Sie war im Zelt draußen ihren Kaffee machen und wollte nicht stören. Wir gehen mit ihr (ohne Frühstück) weiter auf dem Schotterweg ins Tal hinab. Beim Abzweig des OW bleiben wir gerade aus auf dem Schotterweg, sparen dadurch einige Höhenmeter und Kraxelei. Jan läuft in Halbschuhen, da diese an der Sohle besser gedämpft sind. Kurz vor der St. Martin-Kirche kommt der OW wieder auf die Schotterstraße. Die Kirche, ein herrlicher Ort. Getreppt in den Hang gebaut, hinterm Altar eine große Glasscheibe durch die das ganze Tal zu sehen ist. Ein schönes, schlichtes, blaues Glaskreuz hängt davor. Drinnen interessante Bilder, Schnitzereien, … Wir halten kurz inne, lassen den Raum auf uns wirken, im Gästebuch steht u.a. „13.07.17 Marc".

Oppdal-kirke

Weiter im Tal kommen wir an der Pi-hütte: Passtoggo vorbei. Dort hat Marc übernachtet. Er ist also die ganzen 36 km übers Fjell an einem Tag gelaufen. Wir wollen am nahen C-platz Mittag essen. Aber da gibt es nichts (geöffnet von 8 – 9 Uhr und von 16 – 20 Uhr). So geht es nach einer Pause (Tschia kommt dazu) weiter im Tal der Stadt Oppdal zu. Bei einer Bachüberquerung

bekommt Jan in den Halbschuhen nasse Füße und muss nun auch die hohen anziehen. Der Weg zieht sich in ewigem Auf und Ab. An der Kreuzung zur 513 überlegen wir, auf dieser ins Centrum zu gehen, aber Asphalt und Verkehr schrecken ab und so bleiben wir auf dem OW. An der Kreuzung zur 70 bleibt Jan auf deren Höhe. Ich gehe die ca. 1,5 km hoch zur Oppdal-Kyke. Ein wundervoller Kirchenraum, schöner Altar, der Organist übt und im schönen Pi-zimmer gegenüber der Kirchentüre kann ich „Lobet den Herren" 2 Strophen mitsingen. Hier sind sehr alte Darstellungen der 12 Apostel auf Holztafeln zu sehen. Außerdem gibt es einen Tisch und Wasserkocher, Tee und Kaffeepulver. Als ich zur 70 runterkomme unterhält sich Jan dort mit den 2 CH-Mädels. Sie haben oben in der Kirche Pause gemacht und Kaffee getrunken, waren gestern auch bis zum C-platz runtergegangen und jetzt noch die 13 km bis Oppdal, wo ihre Tour endet und morgen gehts für sie heim. Sie wollen auch in den „Vekve Hytta" übernachten und laufen schneller als wir in Richtung dorthin.

Unterwegs werden sie von einem Passanten angehalten, der sie wohl einlädt, daher kommen wir 16 Uhr vor ihnen bei den Hütten an und bekommen die letzte nicht reservierte (800,- NOK). Der Vermieter sagt, angesprochen auf die CH + Nora, wir könnten auch zu 5 in der Hütte nächtigen. Die CH kommen wohl, wir sehen sie nicht, erfahren aber vom Vermieter, dass sie weitergegangen sind. Nora kommt später, Jan und ich gehen einkaufen und im Restaurant des Dommus-Market leisten wir uns Essen vom Buffet (230,- NOK / Person). Wir treffen noch die NL, die auch in den Hütten wohnen (sie hatten reserviert). Als wir zurückkommen hat Nora leckere Baubeer-Pfannkuchen gemacht, aber wir sind satt. Sie lädt die NL dazu ein, wir sitzen gemütlich draußen zusammen. Später geht einer nach dem anderen duschen, Nora nochmals in die Stadt und trifft sich mit Tschia, die im Hotel abgestiegen ist und wie die NL morgen noch hier bleibt. Die 3 werden wir somit wohl nicht mehr sehen. Draußen wedelt unsere Wäsche im Wind. Heute sinds mal 15 Grad C gewesen, am Abend in der Sonne vielleicht sogar etwas mehr. Jetzt müssen wir noch Jan´s Füße verarzten. Zu den Fersenblasen kommen noch Schmerzen in den Fußsohlen und Oberschenkeln. Arnika-Tinktur und Reparil sollten helfen. Am Vinstradalen haben wir heute viele Wasseramseln, Flußuferläufer u.a. Limikolen gesehen. Auch ein großer Falke war mal über uns und ein Lemming kreuzte unseren Weg. Ich stelle fest, dass es wirklich „Spaß macht", hier gemeinsam auf dem Weg zu sein.

Samstag, 15.07.2017

8 Uhr gestartet. Der Weg verläuft fast ausschließlich auf dem Gammel Kongvegen, dem alten Königsweg, zu 90% allerdings auf Asphalt und Schotter in stetem, einfachen auf und ab. Wenn nicht die zwei Wiesenpfade mit Pfützen und Morast wären, könnte man den ganzen Weg in Halbschuhen oder Sandalen gehen. Jan zieht seine Halbschuhe bei ca. 11 km an. Gegen 11.30 Uhr machen wir Pause, 3 Deutsche, mein Alter, ziehen vorbei, pausieren aber dann ganz in der Nähe. Silvia aus der CH arbeitet als Lehrerin auf Spitzbergen (N), sehen wir 2 x, Jonas auch. Silvia kommt später zur Hütte, die D bleiben 2 km zuvor auf dem Reiterhof. Hier in Häverstolen gardstun kommen noch Jonas und Nora an, die gehen aber später weiter und wollen zelten. Da niemand zuhause ist, wähle ich die Nummer an der Pi-Herberge, bekomme den Code für das Schlüsselkästchen, wir machen es uns gemütlich, genießen in den Liegestühlen vorm Haus die Sonne, es hat gut 20 Grad Cel., nur der Wind oder Wolkenschatten sind kühl. Unsere Wäsche ist in der Waschmaschine und trocknet jetzt auf dem Wäscheständer vorm Haus. Jan hat eine neue Blase unten zwischen dem Großzeh und dem 2. Ich steche sie auf, pflastern kann man an der Stelle schlecht. In der Hütte gibt es gekühltes Cola + Bier, außerdem Süßzeug und Fertigessen in Dosen. Jan kocht was davon und wir essen draußen bei strahlend blauem, weißem Wölkchenhimmel. Wir haben WiFi, können Konto checken, … 21.30 Uhr Bettruhe.

Sonntag, 16.07.2017

7.20 Uhr aufstehen, wir frühstücken richtig mit Marmelade, Wurst, Instantkaffee (alles hier im Regal). Jan´s Blasen sind einigermaßen i.O. Auf dem Smartphone ist eine Nachricht von Karl (Pilgerbruder -> Rom 2016), der sich nach unserem

Befinden erkundigt. Nett! Wir legen 500,- + 300,- NOK in einen Umschlag und werfen diesen in den Kasten. Silvia ist schon weiter gezogen, wir machen Küchendienst, schließen WC / Bad - Gebäude und Pi-Herberge ab und gehen 8.45 Uhr weiter. Der Weg, hauptsächlich Schotterstraßen und Forstwege. Gegen 9.30 Uhr regnet es für ca. 1 Stunde. Dann kommt sogar mal die Sonne durch. An der nächsten Pi-Hütte überholen wir Jonas, Nora und Silvia und nehmen beim Alternativ-Angebot den

steilen Weg. Bei der 2. Alternativroute bleiben wir unten am Fluss und sparen uns die Kraxelei über die Hangkante. Vorher sehen wir noch einen kapitalen Elch, allerdings in einem Gehege. Jonas überholt uns, wartet aber weiter vorne. Er hat keinen Führer dabei und will wissen wie weit die nächste Herberge ist. Dort in Meslogard bleibt er

Pilgerunterkunft Haeverstolen

dann, wir beschließen bis Voll weiter zu gehen, allerdings nicht auf dem Originalweg sondern entlang der L 700, an der 4 mögliche Übernachtungsplätze liegen. 1 + 2 überspringen wir.

Es fängt an zu regnen; wir erreichen 3: Norgar Voll um 15 Uhr bei strömendem Regen. Von der Hausherrin werden wir freundlich und überschwänglich begrüßt. Die Hütte ist wieder nett und rustikal, mit Dusche, Küche, mehreren Zimmern, Plumpsklo hinter der Scheune. Jan kocht uns Fertigessen: Paprikareis und gibt vom Vorrat des Hauses eine Dose Bohnen dazu – sehr gut. Zwei Berliner Mädels kommen an, Nette und Sofia (Abiturienten). Nette hat Probleme mit der Achillessehne. Sie sind in Lillihammer vor 10 Tagen gestartet und bleiben hier einen Tag zur Schonung. Nach

19 Uhr kommen noch Gaby und Markus aus dem Schwarzwald. Ich habe meine erste Blase an der li. Ferse unten. Es entstehen nette Unterhaltungen bei einem supertollen Blechkuchen von der Vermieterin. Jan und die Berliner Mädels mit Berliner Mundwerk amüsieren sich prächtig und Jan geht das erste Mal nach mir (22 Uhr) zu Bett. Ich habe ein Bett im

Oft km-weit von Anliegern gemähte Pilgerwege

Vorraum zu Dusche / Waschraum und Jan eine Doppelbett quasi in der Diele. Die Berlinerinnen im OG li. im 4Bett-, die Schwarzwälder re. im 6 Bett-Zimmer. Oben ist auch die Küche. Das „Luxus"-Plumps-trocken-Klo ist überm Hof unter der Zufahrt ins obere Scheunenteil. In der Pi-Herberge ist alles stilvoll dekoriert, ebenso im Klo und im Stabbur (Speichergebäude) neben an. Dort sind eine große Tafel und eine gut ausgestattete Küche. Überall hängen Bilder von N-Königen / -familien.

Montag, 17.07.2017

Wir stehen extra spät auf (7.45 Uhr) weil die Y-Kirche im nächsten Ort Rennebu erst um 9 Uhr öffnet, frühstücken, gehen punkt 9 Uhr bezahlen, dann zur Kirche (9.20 Uhr). Die ist aber immer noch zu. Später lese ich, dass sie immer zu ist, aber ab 9 Uhr Führungen vom Museum in der Nähe angeboten werden. Aber wir sind schon durch. Es geht fast ausschließlich über Schotterstraßen (501) und einige Sandwege mit kurzen Passagen auf Waldpfaden oder Graswegen. Kaum feuchte Stellen. Gegen 10.30 Uhr fängts wieder an zu tröpfeln, hört aber auf und gegen 13 Uhr sind wir schon nach 17 km am eigentlichen Etappenziel. Wir haben allerdings bereits gestern beschlossen, möglichst weiter zu gehen, sind deshalb vom OW abgebogen und in Fossnoan zum Supermarkt gegangen, kaufen Essen, Tomaten, Jogurt, Obst und Cola um dies beim nahe gelegenen Rastplatz zu verzehren. Leider ist es dort sehr zugig, sodass wir nicht lange bleiben.

Es geht weiter entlang der Orkla, einem schönen Wildwasserfluss. Ab und an stehen Fliegenfischer bis weit über die Knie mitten im Fluss und angeln. Wir kommen 15.50 Uhr an der Meldal-Kirke an – schließt 15 Uhr. Wieder nicht von innen anzuschauen. 2 Deutsche sitzen da. Ich bitte sie, die TelNr. im Pi-Fü anzurufen wegen des Codes für die Pi-Herberge im Meldal-Bydemuseum. Aber es nimmt niemand ab. Auch auf die SMS, die ich laut Pi-Fü bzgl. des Codes verschickt habe, ist noch keine Antwort da. Am Museum angekommen ist die Rezeption geschlossen (-14 Uhr), vor der Pi-Herberge stehend wähle ich nochmals die Nummer, erreiche jemand und bekomme den Zahlencode für ein Vorhängeschloss an einem alten Speichergebäude inmitten des Freilichtmuseums. Am Hang gebaut sind oben ein Raum mit 4 Betten und eine Galerie, unten drunter ein toller Nassbereich, nagelneu, super hergerichtet mit Dusche, 2 WC´s, Waschraum mit Waschmaschine und sogar einem richtigen Wäschewasch-Becken, schönem heißem Wasser, eine Mikrowelle, oben noch Wasserkocher und Einweggeschirr. Wir sind die Nacht hier alleine. 2 x 200,- NOK kommen mit Absender in einen Briefumschlag in den Kasten. Wir gehen noch zum nahen Spar-Supermarkt. Da gibt es eine Frische-Salate-Theke und eine warme Theke mit Hähnchen, etc. Wir schlagen zu: jeder mischt sich einen großen Salat, dazu zwei halbe Hähnchen, Wurst und Brötchen fürs Frühstück, …, macht fast 400,- NOK. Gegenüber ist eine Bank. Ich hole mit der Kreditkarte 2.000,- NOK, leider gibt der Automat nicht mehr und die EC-Karte ist im Rucksack im Quartier. Zurück im Museum sitzen wir vor unserer Hütte mit toller Aussicht ins Tal der Orkla und darüber schneebedeckte Berge und genießen ein voluminöses Abendessen. Leider ziehen Wolken auf, es wird kühl und wir ziehen uns in die Hütte zurück (19 Uhr). Jan ruht. Ich: Wäsche, Tagebuch, Nachrichten an zu Hause, Tagesplan für Morgen, duschen, schlafen.

Dienstag, 18.07.2017

8.20 Uhr stehen wir auf, frühstücken und ich gehe nochmals die 600 m zurück zur Kirche, die jetzt offen ist. Sie hat eine wundervolle Ausstattung. Leider ist es drinnen recht dunkel. Nach einer kurzen Andacht geht´s zurück und wir gehen gegen 9.30 Uhr los. Es regnet den ganzen Vormittag mal mehr, mal weniger. Es geht über unterschiedlichste Wege, z.T. mit sehr steilen und

Brotzeit vor der Pilgerhütte im Meldal Bygdemuseum

matschigen Auf- / Abstiegen und durch morastige, tiefschlammige Viehtriebe. Gott sei Dank liegen wenigstens an den schlimmsten Stellen Bretter und über die Bäche führen kleine Brückchen. Nasses Gras hängt hüfthoch von außen rein, die Hosen sind bis zum Schritt nass und ich ziehe meine Beinlinge drüber. Oben haben wir nur Regenjacke und –hut an.

Altar der Meldal kirke

Kurz nach 12 Uhr kommen wir in Lokken Verk an einen Schnellimbiss. Wir leisten uns Kaffee, Hotdog mit Käsegriller und Cola. 13 Uhr weiter auf dem Rad- / Fußweg wie schon die letzten 3 km vor dem Ort, dann geht´s in den Wald hinein, in Serpentinen rauf und runter. Fast am Ziel sehen wir am Gegenhang eine Gruppe Kraniche in der Wiese stehen. 15 Uhr kommen wir in Gumdal an, einem großen Bauernhof in exponierter Lage, werden vom Großbauern, der gerade Schlepper reinigt, empfangen und in eine wundervolle Hütte geführt, neu, mit voll ausgestatteter Küche, 3 Schlafräumen mit je einem Stockbett im OG und einem schönen Bad. Auf der Veranda lüftet / trocknet unsere Wäsche. Der Hausherr bringt noch Duschtücher, die Betten sind bezogen (350,- NOK / Person), im Kühlschrank Cola + Bier, es gibt eine Kaffeemaschine mit Pads, Eier, … Jan kocht die mitgebrachte Tütenmischung (Familienpackung) Chili-Reis-Pfanne mit Spezialzutaten aus dem Kühlschrank. Wahrscheinlich sind wir in dieser Superhütte heute Abend wieder allein. Doch der Hausherr kommt, telefonierend mit zwei „Germany-Girls" und versucht, ihnen den Weg auf Englisch zu erklären. Ich frag ihn nach dem Telefon. Nette und Sofia, die Berlinerinnen sind unterwegs hier her, noch ca. 3 km entfernt. Kurz darauf kommt auch Nora. Also sind wir 5 Personen in der Hütte. Ich schneide mir die Blase 1 auf; draußen trompeten wieder die Kraniche.

Mittwoch, 19.07.2017

Skaun kirke

7.30 Uhr aufstehen, wir frühstücken alle zusammen Rührei (5,- NOK / Stück). 8.30 Uhr brechen wir nach einander auf. Kranichrufe begleiten uns ebenso wie die guten Wünsche des Hausherrn. Diese Tour macht wirklich Spaß. Ich spüre meinen Rucksack kaum trotz der 16 kg, die er wiegt, habe keine Probleme, weder mit Füßen noch Knien, Hüften oder Kreuz. Auf festen Wegen geht es voran bis zum Aufstieg durch Weiden und Wälder in eine echte Moorlandschaft. Unter uns der Boden – Torfmoose, Fieberklee, … mit Wasser getränkt. Man läuft wie auf einem riesigen Schwamm, die Schuhe fast immer gut bis zur Hälfte im Wasser. Über tiefere Stellen gibt es Baum- oder Bretterbohlen, genauso über breite Gräben und Bäche. Eine supertolle Landschaft, keinerlei Zivilisationsgeräusche oder – spuren. Nur unser Pfad und das über mehrere Stunden.

Pilgerunterkunft im Gemeindehaus von Skaun

Im Abstieg machen wir Pause an einem Rastplatz mit Sitzgruppe und Plumpsklo an einem Bach. Nette und Sofia kommen dazu, Nora und Jonas überholen uns hier, sitzen aber später auf einem Felsvorsprung überm Tal beim Pause machen. Unsere 4er Karawane zieht weiter und gegen 15.30 Uhr erreichen wir Skaun / Kirche und Gemeindehaus. Nach Anruf kommt ein Mitglied der Gemeinde und lässt uns rein. Im Gemeindesaal sind Klappbetten und Matratzen, es gibt eine tolle Küche, WC´s, Duschen, Wäsche-Waschbecken, einen Supermarkt daneben, was will man mehr. Wir kaufen fürs Abendessen ein und wir 4 essen gemeinsam. Später kommen Nora und Jonas, kaufen ebenfalls ein, machen hier Pause, ziehen aber weiter und wollen zelten. 19 Uhr haben wir eine Führung in der Kirche (1 Stunde), danach sind Gaby und Markus von Loken noch gekommen (30km) und die beiden deutschen Jungs von Meldal, die vor dem Gemeindehaus ihr Zelt aufbauen. Der Verwalter bringt noch Kuchen von seiner Frau für alle, die später ankommenden Schwarzwälder essen ihn während unserer Kirchenführung fast alleine auf, sodass der Verwalter neuen holen muss, für uns andere. Nach guten Gesprächen vor allem mit den deutschen Jungs (Falk und … sein Bruder) aus Leipzig gehen alle gegen 22 Uhr zu Bett.

John, von Sundet gard (am Hang gegenüber) rudert uns über den Gaula, wie es seine Familie bereits seit 1659 tut.

Donnerstag, 20.07.2017

Heute verschlafen wir das erste Mal die vereinbarte Aufstehzeit 7.20 Uhr und Mette ruft „7.50 Uhr" in den Raum. Nach gemeinsamen Frühstück und aufräumen der Unterkunft geht´s weiter, den Berg hinauf in unserer kleinen Karawane, dann ziehen die Mädels los, deren Pause – wir überholen, unsere Pause – die überholen. Wir zippen die Hosenbeine ab, Unterhemd raus, es ist strahlend blauer Himmel und warm. Es geht nochmals 300 Hm hoch, durch schöne boreale Nadelwälder, Moore, tolle Rückblicke und steile Abstiege, die letzten km auf Asphalt in die Bucht von Buvika am Gaulosen. Dort kaufen wir im Supermarkt ein, die Mädels kommen auch, Jan und ich machen lange Pause auf einer Bank am Fjord und gehen dann wie verabredet zum C-platz, wo wir uns alle wieder treffen wollen. Bei Eis und Limo machen wir wieder Pause bis die Mädels kommen. Sie pausierten oben am Supermarkt. Jetzt wurde John angerufen, der uns 2 km weiter am Gaula-Fluss mit dem Ruderboot abholt, über den Fluss rudert und uns drüben auf seinem Hof die Übernachtungshütte zeigt. Wieder urig, direkt über dem Fluss. Leider ist der größte Teil der Aussicht zugewachsen. Es gibt keinen Strom, Dusche und warmes Brauchwasser sowie ein Zwei-Plattenkocher werden mit Gas betrieben, das Klo ist ein „Trocken-WC" – supertolle Plumpskloausführung. Das Abwasser wird in einem Tank gesammelt. Nach kurzem Ausruhen geht's hinunter an den Fluss und hinein in die kalten Fluten. Danach Stempel holen, bezahlen, kochen und auf der Terrasse im Sonnenschein essen, Geschirr abwaschen, duschen, Tagebuch, Bericht an die Heimat, chillen während die Wäsche trocknet. Vor einigen Tagen im Orkla-Tal sahen

Ankunft am Nidaros-Dom

Der Hl. Olav (Mitte) in der Fassade des Nidaros-Dom

wir Kaulquappen in einer größeren Pfütze. Heute huscht mir eine Waldeidechse über den Pfad. Dachte nicht, dass es so etwas hier oben gibt.

Freitag, 21.07.2017
Der finale Marsch nach Nidaros.Start 8.30 Uhr. Die Berliner Mädels machen die Küche nach unserem gemeinsamen Frühstück klar und starten später. Nach knapp 2 km Straße gehts wieder hinauf, immer mal kurz aber sehr steil, dann auf schönsten Wegen durch die malerische, wilde Landschaft. Rückblicke in den Fjord und auf den Gaulen, durch schöne Wälder und Moore, tolle Stege und Pfade, kaum Morast. Je näher es an Trondheim geht um so parkartiger wird es. Vorbei an schönen Bächen und Seen, Rastplätze, einen nutzen wir zur Mittagspause. Dann kommen die Vororte von Trondheim, Straßenbahnschienen, Gehwege, z.T. schlechte Beschilderung aber dank „Hanna" (Autorin des Outdoor PiFü Norwegen: Olavsweg und unter Pilgern ein geflügeltes Wort) finden wir den ersten Ausblick auf die Nidaros-Domkirche beim „Berg der Freude" und kommen dieser immer näher, bis wir dann kurz vor 15 Uhr davor stehen. Jonas sitzt gerade da und macht einige Bilder von uns. Dann gehts zum Pi-Zentrum, die letzten Stempel, die Urkunde, ein Stick für den Pi-hut, was insgesamt ein kompliziertes Prozedere ist. Gott sei Dank unterstützt durch einen deutschsprachigen Pi-priester. Dann weiter zur Rezeption der Pi-herberge im gleichen Haus, wo wir bereits von unterwegs 2 Betten

reserviert hatten. Wir haben für 2 x 300,- NOK / Nacht 2 Betten im 10-Bett-Zimmer mit Bettwäsche und Handtüchern. Sofia und Nette sind schon da, Nette geht es schlechter, sie sind die Etappe mit dem Bus gefahren. In der Unterkunft ist Josef aus Klagenfurt, bereits 7 Wochen in N unterwegs. Er lädt uns ein zu einer Sonderführung im Dom mit dem Pi-pfarrer. 16 Uhr. Wir schnell in die Stadt eine Kleinigkeit essen und wieder zum Dom. Jonas und Nora, die gerade ankommt, kommen auch mit. Es geht kurz durch das Hauptschiff, dann unter der „Wagner"-Orgel eine Wendeltreppe hoch und „zwischen den Mauern" zu einer Marienkapelle im erhaltenen, ältesten Teil des Domes. Wir feiern eine kleine Andacht und schauen noch in weitere Nebenkapellen (1 Mann groß). Weiter in schmalen, nur quer zu gehenden Wegen, zwischen den Mauern, kommen wir in die Michaelskapelle, ebenfalls im alten Domteil. Dort kann man die Läden öffnen, der Raum öffnet sich zum Hafen; der Engel soll vor von dort kommenden Feinden schützen. Wir bummeln durch die Stadt, essen Pizza aus der Hand und sind 18 Uhr wieder im Dom zur Abendandacht mit Orgelbegleitung auf der großen „Steinmeyer – Orgel", einer der besten Orgeln der Welt. Danach zurück in die Herberge, Nachrichten an Zuhause, Jan geht nochmals in die Stadt, ich bespreche mit Josef, einem norwegenerfahrenen Österreicher meine nächsten Vorhaben und er hilft mir, Einkaufs- und Übernachtungs-möglichkeiten am Weg zu finden, die ich in meine Karten eintrage. Wir sitzen noch, auch mit neuen Gesichtern in interessanter, gemütlicher Runde und werden dabei von einer Wissenschaftlerin interviewt, die eine Arbeit über das Pilgern in Norwegen schreibt. Ab morgen sind wir Touris.

So endet die Pilgerwanderung nach Nidaros, das ich / wir auf dem Gudbrandsdal-Legen von Oslo über Otta erreicht habe/n. Obwohl die Olavswege in Norwegen zu über 70% von Norwegern begangen werden, haben wir fast nur Deutsche bzw. deutschsprachige Pilger getroffen, was uns, wegen unserer mangelnden Fremdsprachenkenntnisse, sehr recht war. In der Herberge ist auch mein Paket aus der Heimat eingetroffen. Habe ich mir doch die Wanderunterlagen für die nächsten Wege, das Zelt samt Luftmatratze, Boden und Hammer sowie meine schweren Wanderstiefel hier her vorausgeschickt. Die schweren Stiefel nimmt Jan wieder mit, bin ich doch bis hierher ohne Probleme mit den leichteren Mammut-Schuhen gekommen und werde das wohl auch weiterhin schaffen.

Nachdem mich die ersten 14 Tage auf dem Olavsweg mein Sohn Jan begleitet hat, geht es jetzt weiter auf dem „Romboleden".

Sonntag, 23.07.2017

Ich fahre mit Jan zum Flughafen, er checkt ein, 7.40 Uhr, 9.20 Uhr geht sein Flieger Richtung Oslo und von da via Frankfurt/Main nach Hause. Ich nehme den gleichen Bus eine Haltestelle zurück (was genau so viel kostet wie aus der Stadt hier heraus, nämlich je 150,- NOK). Dort kreuzt der Romboleden (R) die E 6 und so beginnt 8.20 Uhr der nächste Abschnitt meine Pilgertour. Will ich doch über den R bis an die schwedische Grenze und über weitere Weitwanderwege nach Süden möglichst nahe nach Vadstena, dem Wirkungsort der Hl. Birgitta von Schweden (Nationalheilige), die im 13. Jahrhundert nach Nidaros (Birgittenweg), sowie nach Santiago de Compostella gepilgert ist. Leider sind weder der Birgittenweg noch der Romboleden in Schweden markiert, sodass ich dort später auf andere Wege ausweiche.

Anfangs ist der Weg in beide Richtungen gut markiert, zweimal finde ich ihn nicht auf Anhieb und suche in den diversen Abzweigungen. Es geht erst auf Asphalt und Schotter, später durch Schaf- / Kuhweiden steil und schlammig in / durch ein Bachtal. Eben fliegt Jan´s Flieger über mich hinweg. Auf der anderen Bachseite wechselt die Kommune. Im Pilgerkasten finde ich einen Flyer über den R. in N. allerdings keine Zeichen mehr. Da es nur eine Forststr. entlang einer Moorsenke gibt, folge ich dieser. Nach ca. 3 km kommt ein OW (Olav-Wanderzeichen). Ihm nach, bis ich merke, dass der auf der anderen Moorseite wieder zurückführt. Also hab ich vorher doch einen Abzweig verpasst, was leicht passiert, da der Weg ja vornehmlich in die andere Richtung (Trondheim zu) ausgeschildert ist. Beim Forstweg zurück sehe ich auf der anderen Seite das OW und folge ihm ins Moor. Ich komme an einen wundervollen Rastplatz nahe einem kleinen See – Pause. Weiter geht´s durch Moore und über Wurzelpfade, hinauf über einen Höhenrücken und dann auf eine Landstraße.

Nicht weit, wieder Pause (ca. 13 Uhr mit vespern). Hier zweigt der OW links ab, ausgeschildert wie bisher „Stikestat ...km". Ich folge dem OW eine Weile, aber jetzt geht es exakt nach Norden und ich will ja nach Osten. Ich halte ein Auto an, zeige der Fahrerin die Karte. Sie meint, um auf dem richtigen Weg zu sein, müsste ich unten die Landstraße weitergehen. Gesagt, getan. Der hier markierte Weg ist der „St. Olavsleden", der hinauf nach Stikistat führt, wo Olav in der Schlacht um sein Königsreich fiel. Es gibt keinen Hinweis auf den Romboleden, der weiter nach Osten geht. Später kommen auch die OW´s, die immer mal ins Gelände weisen, aber ich bleibe fast immer auf der Straße, da der Weg ja immer wieder dahin zurückkommt.

Es geht wieder an einem größeren See entlang und die Straße steigt und steigt. Zwischendurch donnert es ein paarmal und dunkle Wolken ziehen auf, verziehen sich aber wieder. Kurze Pause am nächsten See – hier steht eine Bank mitten im Ufermoor und ein Steg führt hin. Rucksack runter und hinsitzen geht allerdings nicht, die Bank schwimmt quasi auf dem Moor und kommt bei den Bewegungen gefährlich in Schieflage. Auf der Straße weiter geht's auf ca. 400 mNN, der R links davon noch höher, wieder ein kleiner See an dessen Ende eine kleine Hütte, offen, es steht auch was in N dran, aber ich versteh´s nicht. Da es bereits nach 17.30 Uhr ist, beschließe ich, hier zu schlafen. Ich gehe mich im Moorsee waschen, hole etwas Wasser an einer kleinen nahen Quelle, esse und richte mir die Hütte ein, in dem ich den Tisch zur Seite schiebe und so auf dem Boden Platz für meine Luma habe, Handyempfang habe ich nicht, also muss die Heimat auf Nachricht warten.

Rastplatz im Ufermoor

Montag, 24.07.2017

Bis 6.30 Uhr schlafe ich gut, stehe auf, packe, richte die Hütte wie vorge-funden wieder her und starte 7 Uhr. Auf der Landstr. geht´s weiter, den OW durch den Wald schenke ich mir. Nach 2 Std. muss ich dringend Wasser fassen. An der „Peder Morset Folkehogskole" (PMF) gehe ich hoch und in die erste offene Tür, ein Magazinraum. Den Anwesenden bitte ich um Wasser. Er geht mit mir in einen Personal-Aufenthaltsraum, bietet Wasser und Kaffee an, ich nehm´s dankbar an. Gehe noch auf die Toilette, bekomme einen Stempel und ziehe frohgemut weiter. „PMF" ist eine Art Volkshochschule und Schullandheim. Sie haben 68 Zimmer, Selbst- / oder Vollver-pflegung, auch für Pilger, und bieten super Angebote u.a. Rafting, Kanu- / Kajakfahren, Reiten u.v.m.

Der Fluß: Lea, dem ich bis zu seinen Quellen folge

Auf der Landstr. zurück singe und pfeife ich Danklieder und beim Pfeifen von Laudato si … fliegt ein Brachvogel seine Runden über mir und flötet mit. Während wenigen 100 m entlang der 705 dreht ein gut bepackter Radfahrer, er hat meine Muschel am Rucksack gesehen und fragt, ob ich nach SdC gehe. Er ist per Rad unterwegs ans Nordkap. Seine nächste Station: Trondheim. Bald geht es parallel zur 705 auf Graswegen durch Wald und Feld. Die Landstr. ist keine Option – viel zu viel Verkehr. Zweimal vertue ich

Selbu kirke

mich beim Weg, komme aber immer wieder quer durch Wald oder Gebüsch dorthin zurück. 11.30 Uhr geht's über die Brücke bei Garberg, dahinter ist ein „Spar" (steht in der Online-R-beschreibung und hat der Verwalter vom PMF heute Morgen bestätigt). Davor ein schöner Rastplatz bei der Tankstelle. Beim Spar-Supermarkt gibt es ein SB-

Selbu kirke, ihr ältester Teil aus dem 12. Jahrhundert

Restaurant. Ich esse einen Kebap-Teller (139,- NOK), 2 Cola dazu (2x30,- NOK) und bin pappsatt. Genieße es, Schuhe und Strümpfe auszuhaben, schreibe TB und mache Wegplanung. Heute Morgen war's erst sonnig – blau, dann zog der Himmel zu, was für angenehme Wandertemperaturen sorgte, und jetzt nach der Pause ist's wieder sonnig, weiß-blauer Skandinavienhimmel.

Der Weg geht zuerst entlang der 705 weiter, dann links in die Landschaft

Selbu kirke. Herzliche Betreuung duch Freiwillige

und kommt bei Selbu wieder runter. Quert die Straße, hier gibt's einen Coop, K-Mini-Market u.a. Die Selbu-Kirche ist offen, ein wirkliches Juwel, samt betreuender Frauen. Ich bekomme ein Info-Blatt in D, Kaffee und Gebäck und trage mich im Gästebuch ein. Frisches Wasser kann ich auch noch auffüllen. 15.30 Uhr weiter, gleich hoch über die 705 und durch die Landschaft mit herrlichen Ausblicken auf den See und den ganzen Weg des bisherigen Tages. Später quert der Weg die 705 und geht eben unten am Fluss entlang. Nach der Brücke der 973 über den Fluss „Nea" ist im Plan eine Hütte am Wasser eingezeichnet, die ich jetzt ansteuere. Eine offene Fischerhütte, einige fischen.

Ich frage ob ich mit dem Zelt hier über-nachten darf und bekomme ein ja. 16.45 Uhr baue ich das Zelt auf, die Fischer ziehen ab und ich erkunde das Umfeld und sitze jetzt zum TB-schreiben in der zum Fluss offenen Hütte in voller Sonne. Neben mir trocknen die Kleider (Hose,

Erster Zeltplatz bei der Fischerhütte am Nea

Hemd, Socken, ...) Nachher wasche ich mich im Fluss und genieße den Abend, hoffentlich mit weniger bis keinen „Plagegeistern". Das waren erst immer mal wieder Bremsen, seit gestern sind´s vornehmlich Stechmücken. Zwei Jungs kommen per Quad und gehen im Neopren-Anzug und mit riesigen Schwimmflossen im Fluss schwimmen. Ich sitze jetzt schon sehr lange in der Hütte. Die Sonne ist immer noch fast genauso hoch über dem Horizont und wandert nur weiter nach Westen. Sie nimmt an Intensität ab und langsam fallen auch Schatten von den Uferbäumen herein. Einige Bremsen habe ich auch schon totgeschlagen. Also ins Zelt. Bis jetzt trägt sich der Rucksack trotz einigem Gewicht doch sehr gut. Nur am Nachmittag spüre ich Spannungen zwischen den linken und rechten, äußeren Rippenbogen, links mehr als rechts. Blase 2, linke Ferse neben der Alten - Mitte. Bekomme sie aber noch nicht auf.

Dienstag, 25.07.2017

7.15 Uhr aufstehen, packen, Zelt abbauen (trocken – es hatte keinen Tau in der Nacht). 7.45 Uhr ab, nur wenige km eben, dann der Aufstieg ins ...Fjell. Von 200 auf 500, 600, später 700 Hm und zwar meistens senkrecht zum Hang. Irgendwie kennen die N bei Wanderwegen keine Serpentinen. Es ist „Tag der Tiere". Erst ein Reh, zwei Greifvögel, dann 2 Haselhühner, 2 Auerhähne, 2 Schneehühner oben, fast an der Baumgrenze, einige Gras- / vielleicht auch Moorfrösche und Erdkröten. Ein großer Falke, schimpfende

Limikolen und ein Schwarzspecht. Es geht durch völlig unwegsames Gelände, ein Pfad oder gar Weg ist seltenst auszumachen. Allerdings ist die Markierung sehr gut, z. Teil noch eine alte, mit gelber Farbe an den Bäumen. Es geht wirklich über Stock und Stein, Bäche und Moorflächen; hier gibt´s keine Bretter, Balken, sprich Laufstege mehr. Wenn ein Wanderzeichen nicht gleich zu sehen ist, hilft der niedergetretene Bewuchs von der Gruppe, die ich gestern beim Sparladen traf. Fährtensuche ist angesagt.

Meine tägliche Mahlzeit

Mittagspause mache ich auf einem umgestürzten Baum. Beim Weitergehen, keine 50 m ums Eck eine prima Schutzhütte und keine 500 m weiter eine auf dem Gipfel. Dass so etwas nicht in den Karten verzeichnet ist – schade. Der Weg ist furchtbar schwierig, es geht auf und ab. Gegen 15 Uhr ist mein Wasservorrat (2,5l) zu Ende. Es kommt ein schnellfließender Bach, aus dem per PE-Schlauch Wasser für eine nahegelegene Hütte entnommen wird. Also fülle ich hier auf, wasche mich kräftig ab und sprühe mich wieder mit „Anti-Brumm" ein. Ohne das Zeug könnte ich hier nicht gehen. Ständig fliegen Bremsen oder Schnaken an. Manchmal finden sie eine nicht besprühte Stelle und sie stechen zu. Der allergrößte Teil aber wird auf Abstand gehalten. Nur Fliegen und deren Verwandte stört das Zeug nicht. Aber die stechen ja auch nicht. Ab dem Wiedereintritt in die Baumzone, identisch mit dem Pflock: „Slebu-Tydale" wird die Markierung sehr sporatisch, ein Trampelpfad, manchmal auch ein Wildwechsel mit großen Elchspuren die dann als Anhaltspunkte dienen und meistens passt es.

Zweimal haut es mich hin, Konzentration und Trittsicherheit lassen nach diesem Trip nun erheblich nach. Da es am Nachmittag auch mal regnet,

Poncho raus, …, sind auch die Steine glitschig und auf einer großen Steinplatte fahre ich dann Schlittschuh ins Tal, bis ich ein kleines Bäumchen erwische und mich abfangen kann. Nach 11 Stunden bin ich wieder im Tal des Nea und an der 705. Unterwegs versuche ich, mit der Pi-Herberge Jensgarden Kontakt aufzunehmen. Antworten tut nur der AB. Also Plan B: zum Campingplatz von Graessli. Dort angekommen schüttet es aus Kübeln. Ich rette mich gerade noch unter ein Dach. Da ich so nicht unbedingt das Zelt aufbauen möchte, versuch ich´s nochmals bei der Herberge, erreiche jemand, allerdings im Schlepper auf dem Feld, aber ich kann kommen. Nochmals Regenzeug drüber finde ich den Hof auf Anhieb. Ich habe mir die Online-Infos zu den Herbergen zuhause ausgedruckt, mit Nummern versehen und diese in meine Kartenabschnitte (ebenfalls aus dem Internet) eingetragen.

Später kommt der Hausherr, das Apartment war ja offen und ich habe mich schon häuslich niedergelassen, kann die Eier im Kühlschrank verbrauchen und von dem Apfelsaft dort trinken. Also gut gesalzene Rühreier (wegen der Elektrolyten) mit Brot, Apfelsaft dazu, dann Socken waschen, Naßzeug aufhängen, Standort an die Heimat übermitteln, TB, Geschirr, Bett machen, duschen, …, ruck zuck ist es 22.30 Uhr. Mineraltabletten einwerfen – Mg gab´s schon 800mg auf dem Berg.

Mittwoch, 26.07.2017

6.30 Uhr aufstehen, 7.45 Uhr ab. Vorher beim Bauer bezahlen. Er will 500,- NOK. Ich: „Das ist zuviel!", auf 400,- NOK einschl. Lebensmittel einigen wir uns. Er zeigt mir noch einen Traktorweg zum R. Draußen ist es unheimlich neblig, das Gras ist nass, folglich lasse ich die Beinlinge dran. Später zippe ich die Hosenbeine ab und zieh die Beinlinge wieder drüber. Es geht moderat quer zur Hanglinie den Berg hinauf, meist auf Forststraßen, später wieder auf den „unwegsamen" Pfaden wie tags zuvor. Allerdings ist durch den Regen alles nass; Zweige, Sträucher, Gras und das Torfmoos ist vollgesogen. Jeder Schritt hinein lässt nicht nur den Schuh einsinken sondern das Wasser steigt auf über Knöchelhöhe und das gefühlt bei jedem zweiten Schritt. Auf halber Berghöhe geht´s dann parallel zur Höhenlinie weiter, kaum Steigungen oder Abstiege. Ab und an gibt es sogar einen Bohlenweg über einen Bach sowie Baumstämme und Knüppelpfade.

Der Abstieg zurück ins Nea-Tal ist ebenfalls diagonal zur Hanglinie und läuft sich ganz gut, zumal zwischen den ausreichend vorhandenen Markierungen (OW) immer mal wieder ein Trampelpfad zu erkennen ist. Beim Schützenhaus von Tydal, kurz vor der 705 nach ich Pause.10.30 Uhr, dann geht´s weiter auf der 705, vorbei an der Tydal-Kirke (apen 12 – 16 Uhr) bis zum Tydal-Museum. In Ermangelung eines OW biege ich gemäß Karte links ab, folge dem Weg und, da nach 2 km keine Zeichen bzw. eine Abbiegung kommt, drehe ich um, zurück zum Museum. 4 km umsonst gegangen. Beim Museum gibt es zwar eine „Pilgerbank" und einen OW mit Pfeil -> Trondheim aber in meiner Richtung ist nichts zu erkennen. Also gehe ich nochmals 4 km der Straße nach. Am Ortsausgang von Äs-Tydal ist eine Tourist-Info, ich gehe hin und informiere die Dame über die mangelhafte Markierung beim Museum. In Äs kommt ein Supermarkt. Ich kaufe einen Ring Fleischwurst, Tomaten, Bananen, 1 ½ ltr Cola, Nüsse, Anti-Stech (109,- NOK) und Mg 300mg (129,- NOK). An dem schönen Rastplatz davor verspeise ich ½ Ring Fleischwurst, die Tomaten, das Cola und den Rest meiner ersten 500 gr Pck. Schwarzbrot (noch von Trondheim) das ich, weil völlig zerbröselt, mit dem Löffel aus der Tüte löffle. Gegen 14 Uhr erreiche ich mein Tagesziel, den Pilgerhof „Kirkvollen".

Niemand da, alles zu und auf meinem Ausdruck von Zuhause ist nicht einmal die TelNr. angegeben. Allerdings habe ich Handyempfang und finde die Kontaktdaten im Netz. Rufe an, bei der 2. Nummer meldet sich eine Frau, die sogar etwas deutsch kann, aber z.Z. selbst auf Pilgerreise ist. Sie sagt, das Haus sei ausgebucht, sie hätten nur noch ein Zimmerlein in der Scheune und sie will ihren Mann anrufen, der mir aufmacht. Wenig später meldet sie sich wieder, ihren Mann hat sie nicht erreicht, ich solle doch 300 m weiter an einem gelben Haus fragen, ob ich dort schlafen könne. Ich breche nicht gleich auf und so fährt ein Traktor auf den Hof, der Hausherr. Er zeigt mir das „Scheunenzimmer", echt schnuckelig. Das Plumpsklo nebenan ist ein 4sitzer, auch nichts ungewöhnliches für Skandinavien, zumal dort vornehmlich die Knechte und Mägde draufzugehen hatten.

Derweil kommt ein schwedischer Bus gefahren; das Begleitfahrzeug einer schwedischen Pi-Gruppe unterwegs nach Trondheim. Allerdings gehen sie nur bestimmte Abschnitte des Weges, die ein Referent zuvor erkundet hat und den Rest fahren sie mit dem Begleitfahrzeug. Später sollen nochmals 4 Pilger kommen, daher ist das Haus voll. Der Hausherr zeigt mir noch die Waschmaschine und so kann ich den stinkigen und nassen Teil meiner Kleidung waschen. Die Schuhe, der rechte ist auch innen ganz nass (einschl. Socke) stelle ich an den vorhandenen Schuhtrockner und jetzt sitze ich auf der Terrasse vor dem Pilgerhaus und schreibe TG, nachdem ich mein Pi-zimmer bezogen habe. Vom Hausherr, auf die Frage nach einer Dusche kam die Antwort: "go washing in the River", und zeigt in die Richtung. Ich gehe die wenigen Minuten dorthin und finde es traumhaft. Schnell zurück, Handtuch, Seife und technisches Equipment holen und unter einem grandiosen Wasserfall „in die Fluten stürzen", allerdings ist dabei höllisch aufzupassen, da die Steinplatten am Grund schräg und unheimlich rutschig sind. Es ist super!

"Washing in the River"

Gegen 18.30 Uhr kommt die schwedische Pi-Gruppe, 7 Wanderer + 2 fürs Begleitfahrzeug. Anders (schwedischer Vorname) und Benjamin, der begleitende Priester stellen sich als deutschsprechend vor und ich werde zum Abendessen 20.30 Uhr mit Elchragout, Salat, Kartoffeln, gebackenem Käse, Pilzen, … eingeladen. In der Runde sind weitere 5 oder 6 Leute die deutsch sprechen und so gibt es viel zu erzählen. In der ewig andauernden Dämmerung feiern wir noch eine Messe (schwedisch-lutheranisch), alles so wie bei den Katholiken einschl. Kommunion auch in dem Glauben: „Das ist mein Leib …". Alles unter freiem Himmel an einem Ort, wo von ca. 1200 bis 1695 nach Chr. eine kleine Pilgerkirche (6,5m x 7,0m) stand. Die Ecksteine sind noch da. Es ist trotz der vielen Schnaken und Kribbelmücken ein sehr schöner Gottesdienst an diesem besonderen Ort

Abendliche Pilgermesse schwedisch-lutheranisch

mit dieser Gruppe. Beim Hausherrn zahle ich noch für mein Pi-Zimmer 200,- NOK, bekomme den Stempel und jetzt ist es 23 Uhr, Zeit für´s Bett.

Donnerstag, 27.07.2017

7.20 Uhr aufstehen, 8.20 Uhr große Verabschiedung mit der S-Gruppe, - Adressenaustausch. Ich lade Anders und Benjamin zu uns ein. Die Gruppe fährt los und ich starte, zuerst im Tal des Nea, dann steil hinauf auf einen Bergrücken, an diesem entlang, Abstieg zum Mosjöen (See), dann, in halber Hanglinie immer weiter nach Süd-Osten. Unterwegs schnürt ein Fuchs meinen Weg. Eine 8 köpfige Sägerfamilie flüchtet in den Fluss, ein

Sommerwanderweg, folge dem orangenen Punkt

Flussuferläufer versucht mit Gezedere mich wohl von seinem Nest oder den Jungen abzulenken. Grasfrösche hüpfen, 2 Kraniche fliegen vorbei. Das Wetter ist durchwachsen. Sonne warm, zum Ausziehen, dann wieder kalter Ostwind (von vorne) später leichter Regen, sodass die kniehohen Kräuter tropfnass sind.

Durch den Birkenbruchwald entlang des Stuggusjöen gibt´s dann fast nur diese Vegetation, sodass Hosenbeine und Schuhe vor Nässe triefen.

Der erste Campingplatz am See – keine Trocknungsmöglichkeiten oder Aufenthaltsräume und noch 2 km vom Zentrum und dem Supermarkt

Hier ging ich "baden"

entfernt. Ich gehe Richtung dem Zweiten. An der Kirche vorbei (zu), 17.15 Uhr, zum Supermarkt Bananen und Eistee kaufen, zum C-platz gegenüber, es fängt wieder an zu regnen. Schnell eine Palette her, Rucksack drauf, Zelt raus, aufgebaut, Rucksack rein, zum Supermarkt (der schließt 18 Uhr), noch Tomaten, Schinken, Brötchen vom Vortag, Bier, Schokolade und Trauben gekauft. Es hört auf zu regnen. Ich kann draußen sitzen zum Essen. , Kurze Nachricht an die Heimat, duschen, die nassen Kleider, Schuhe in den Trockenraum. In den Abend hinein wird es nochmals sonnig und ich kann draußen in der warmen Sonne sitzen, TB schreiben, meine Frau über meinen weiteren Weg informieren und etwas entspannen, bei Schokolade und Eistee. 3. Blase re. Ferse wie links – aufgeschnitten.

Freitag, 28.07.2017

Stehe erst 7.45 Uhr auf, räume zusammen, baue das Zelt fast trocken ab und gehe zum Supermarkt (öffnet 9 Uhr). Dort kaufe ich noch Lebensmittel für unterwegs und genieße 3 Kaffee und 2 Süßstückchen. 9.30 Uhr geht's weiter. In der Bebauung finde ich kein OW, suche einige Wege ab und gehe dann gemäß Karte hinaus; und, hinter den letzten Häusern das OW. Warum können die in den Orten nicht vernünftig ausschildern?

Es geht wieder am Nea entlang, der hier in den Stuggusjöen-See fließt. Er wird immer kleiner und kurz vor der Grenze sind nur noch Rinnsale. Ich habe den Fluss vom großen Strom bis zu seinen Quellen begleitet. Unterwegs treffe ich eine Familie mit 2 Mädels, ca. 12 Jahre, mit großen Rucksäcken, diese aber furchtbar schlecht eingestellt. Die Frau hat ihre Bergabgurte aktiviert, ihr Rucksack hängt auf halbacht. Ich zeige ihr wie´s richtig ist. Sie bedanken sich. Gemeinsam beobachten wir in der Nähe ein rotsterniges Blaukehlchen. Später, hoch über der Baumgrenze fliegt eine Familie Schneehühner vor mir auf und immer wieder warnen (Gold-)Regenpfeifer von erhöhten Plätzen wohl ihre Jungen. Ansonsten hört man hier heroben nur das Wasser und den Wind.

Wie gehabt gehts über Bäche und Rinnsale, durch Moore und Sumpf, später wir es zunehmend trockener / steinig bis felsig. Ein Ehepaar kommt mir an einer größeren Flussdurchquerung entgegen und die Frau rutscht tatsächlich ins Wasser. Sie hat allerdings gute Gamaschen und Hosen, sodass der Wasserschaden nicht zu arg ist. Hoffentlich hat meine Anwesenheit sie nicht abgelenkt und sie deshalb im Wasser landete. Kurz vor 14 Uhr komme ich an der N / S – Grenze an, ein Stempel „Romboleden" und der Stein „155km til Nidaros" finden sich hier.

Nach Foto´s und Pause gehe ich weiter. Eine Olavsweg-Markierung gibt es jetzt nicht mehr, obwohl der Romboleden bis nach Vadstena (Wirkort der Hl. Birgitta von Schweden) geht. Das Wetter ist den ganzen Tag durchwachsen. Ich startete in Pulli und kurzem Hemd drüber, später Hose abzippen, wieder an …, Regen- / Windjacke drüber, zwischendurch auch mal wegen stärkerem Regen die Beinlinge an, nach etlichen 100 m diese wieder weg und so bis ans Ziel. Beim Abstieg vom Grenzpunkt (1180 mNN) kurz vor dem See kommen mir 6 Frauen entgegen (15.30 Uhr). Sie wollen noch zur Grenze und rüber nach N ins nächste Ort. Ich mache ihnen die Zeitschiene klar und sie fangen an zu zaudern. Nachdem ich Ihnen nicht mit Koordinaten helfen kann, sie laufen mit NAVI-Daten, und auf meine Berechnungskünste

aus meiner Wanderkarte wollen sie sich nicht verlassen, gehe ich weiter und sie halten wohl Kriegsrat.

Gegen 16.30 Uhr bin ich an der Staumauer vom Sylsjöns-Stausee und gehe weiter am N-O-Ufer parallel auf dem jetzt mit Orange gekennzeichneten „Jämtland – Norge – Weg". Gegen 18.30 Uhr habe ich genug, finde in einer stillen Bucht des Sees einen schönen Platz zum Zelten. Vorne der See, hinten ein Schneefeld. Bei leichtem Regen schlage ich mein Zelt auf, ziemlich flott, weil, Mücken gibt's hier auch genügend. Alles rein, Klappe zu, ich esse, richte meine Schlafstatt, TB, 20.15 Uhr. Auf der schwedischen Seite gibt es kaum solche Moorflächen mit Torfmoosen wie in N. Hier mehr mit Seggen und Binsen, daher auch nicht so wasserdurchtränkt und besser zu überwinden, es sein denn, das Wasser steht sehr hoch drin. Gegen 23 Uhr wache ich auf. Draußen ist es

Trinkwasser fließt hier überall

immer noch hell. Da – Motorengeräusche. Ein Boot legt in meiner Bucht an. 2 Männer und 2 Hunde steigen aus (mir geht etwas die Klammer). Die gehen aber am Zelt vorbei. Es hört sich an, als schaufeln sie etwas rum (Schnee? Sand? ???), kommen später zurück und fahren wieder ab. Ich kann mir keinen Reim drauf machen, was die hier wollen. Gegen 0.30 Uhr werde ich wieder wach, es ist dämmrig, um 3.30 Uhr schon wieder hell.

Samstag, 29.07.2017

Kurz vor 6 Uhr werde ich von trompetenden Kranichen geweckt, stehe auf, trockne so gut wie möglich das Zelt ab, mache Selfi´s, packe zusammen und verlasse gegen 7 Uhr den Platz. Immer weiter an der Seeseite entlang. Ich hab die Beinlinge an, da der Bewuchs vom nächtlichen Regen und Tau patschnass ist. Gegen 9 Uhr ist´s im rechten Schuh schon wieder nass, etwas später bei einer größeren Flussdurchquerung versuche ich es in den Wanderschuhen von Stein zu Stein. Mitten im Fluss sehe ich, dass es nicht weitergeht, will zurück und rutsche dabei mit beiden Beinen ins Wasser; jetzt ist´s eh egal, also rasch durchs Wasser hinüber ans andere Ufer. Dort Schuhe aus, Wasser raus, Socken und Einlagen auswringen / ausdrücken und die Schuhe mit einem trockenen Tuch innen ausreiben. Dabei schneide ich gleich eine kleine Blase (4) an der re. Ferse auf. Die ärgert mich schon einige Tage, geht aber jetzt gut, da die Haut ganz aufgeweicht ist. Wieder alles Nasse an, geht´s weiter.

Beginn des norwegischen "Romboleden" an der schwedisch-norwegischen Grenze südlich von Storlien an der E14

2 Kraniche fliegen vor mir hoch, ebenso zwei Limikolen. Denen bin ich schier auf den Schwanz getreten, viele Schneehühner, 2 Baumfalken – einer kackt sogar auf mich runter, eine Eidechse (schwarz + groß). Hätte nicht gedacht, dass es so was hier oben gibt. Später sehe ich noch ein wildes Rentier mit Kalb, ebenso Menschen: 2 bauen gerade ihr Zelt ab, 2 sind bei der missglückten Flussquerung direkt hinter mir (wechseln rechtzeitig die Schuhe), beim nächsten Fluss ist gerade ein junges Pärchen mit einem kleinen Hund im Aufbruch begriffen und er zeigt mir eine mögliche Furt. Ich ziehe die Halbschuhe ohne Socken an, wate durch, wechsle drüben wieder die Schuhe. Jetzt sind beide Paare nass; und weiter. Es kommen mir im Abstieg eine Frau (ca. 50) entgegen und eine Jüngere, ca. 4 km vor der Fjällstation. Gegen 17 Uhr erreiche ich diese, checke in einem 5-Bett-Zimmer ein, ein junges Paar kommt auch gerade. Da es keinen Strom in der Hütte gibt, bringe ich meine nasse Schuhe und andere Sachen in den Trockenraum und lade daneben in der Küche meine Akkus von Smartphone und Digi-Cam. Dabei schreibe ich TB. Der Strom läuft immer nur 30 Min., daher sitze ich daneben und ziehe immer mal wieder die Zeitschaltuhr auf. Dabei mache ich Pläne für die kommenden Tage und berichte der Heimat. Im Store habe ich Fertig-Tortellini gekauft und koche diese als Abendessen (20Uhr) mit Ketchup aus der Küche in Ermangelung von Sahne u.a. Hier ist ein echter Touri-Trubel und ich fühle mich auch nicht mehr als Pilger.

Es gibt kein zu Fuß erreich-bares Pilgerziel für mich und der Romboleden ist in S nicht markiert, also bin ich auch wandernder Tourist Richtung Süden. Dem entsprechend forsche ich im WEB über Möglichkeiten nach Vadstena

zu gelangen. Aber alle öffentlichen Verkehrsmittel gehen über Stockholm (8 Stunden Fahrt) und dann nochmals 4 Stunden nach Vadstena. Das werde ich mir nicht antun und streiche Vadstena aus der Zielliste.

22 Uhr gehe ich zu Bett im 5-Bett-Zimmer, voll belegt. Was ein Glück, dass ich nicht als letzter ankam –

beim letzten Stockbett sind 3 Betten übereinander – ich kann unten liegen. Ich schlafe nicht gut, die anderen hatten sogar eingeheizt und Fenster kann man hier nicht öffnen, folglich ist´s zu warm.

Sonntag, 30.07.2017

Auf dem Kungsleden, dem schwedischen Königsweg

Wie vorgesehen und mit entsprechender Literatur vorbereitet geht es ab jetzt auf dem Südlichen Kungsleden weiter und in Richtung Süden. Der südliche mit dem nördlichen Kungsleden sind Teil eines nationalen Wanderwegs durch fast ganz Schweden, 1500 km lang und der wird komplett in jedem Sommer von hunderten Wanderern begangen und selbst im Winter wird die ganze Strecke von mehr als 100 Skiwanderern in durchschnittlich 90 Tagen gemeistert. Davon zeugen Messingtafeln in entsprechenden Fjällstationen. Für mich geht es jetzt aber zuerst zum südlichsten Gletscher Schwedens, dem Helag-Gletscher. Um ihn zu sehen bin ich gestern den halben Tag nach Norden gegangen und habe hier am Fuße des Berges in der Helags-Fjällstation übernachtet. Kurz nach 6 Uhr fängt über mir die Packerei an, also mache ich mit, dusche kurz, wasche meine Socken, wozu ich gestern keine Lust mehr hatte und bin 7 Uhr auf dem Weg zum Gletscher (ca. 400Hm). Es geht ziemlich steil zur Sache. Damit meine Bilder später authentisch sind, gehe ich mit der ganzen Ausrüstung hinauf. Mir reicht es allerdings, bis zu dem Punkt aufzusteigen, wo der Gletscher in seiner ganzen Pracht einzusehen ist.

Als ich dort auf einem Schneefeld noch eine Rentierherde entdecke und diese mit auf´s Bild bannen kann, ist mein Glück für den Tag perfekt. Später habe ich allerdings bereut, dass ich nicht ganz zum Gletscher und über diesen auf den Gipfel (1796 mNN) aufgestiegen bin, was weitere 300 Hm mehr wären. Rucksack und lärmende Touris haben das verhindert.

Ich gehe zurück zur Fjällstation und genieße 2 Kaffee, Cola und eine kl. Rolle Kekse für 130,- SEK (da ist immer ein erheblicher Zuschlag drauf, wenn man nicht Mitglied im STF ist). Später bekomme ich raus, dass eine Mitgliedschaft in einem anderen europäischen Berg-, Alpen-, Wanderverein oder dem Internationalen Jugendherbergswerk auch anerkannt werden und somit der Aufschlag für Waren, Übernachtung und Hüttennutzung entfällt.

10.30 Uhr breche ich auf, werde aber nach wenigen 100 m auf Deutsch angesprochen. Ein Ehepaar aus Offenbach. Sie haben mich schon 2 x gesehen, von ihrem Zelt auf einer Landzunge im Stausee (wir grüßten uns

Auf dem südlichen Kungsleden (Winterwegmarkierung). Hier begegnet man täglich Wanderern

von weitem) und bei der Flussüberquerung (meiner Wasserung). Das waren nicht 2 Männer (s.v.) sondern ein Paar. Sie wandern hier um das Sylan-Gebirge herum.

Zum Kreuzungspunkt mit dem imaginären Romboleden brauche ich knapp 1 ½ Std und gegen 14.30 Uhr erreiche ich Fältjägerstugan (17km von Helags). Ich mache Pause und prompt fängt es nach diesem herrlich sonnigen Morgen an zu regnen, als ich gerade die Info-Tafel mit den Hintergründen dieser Hütte fotografiere. Von hier aus hat der norwegische Untergrund gegen die deutschen Besatzer im 2. Weltkrieg operiert. Ich ziehe mich unters Vordach einer kl. Hütte zurück ohne an der Tür nachgesehen zu haben ob sie offen ist. Es kommt ein Paar meines Alters und geht einfach in die Haupthütte.

So ist's, wenn man vor lauter fotografieren wichtiges / anderes unterlässt. Ich hinterher. Drinnen entsteht ein nettes Gespräch übers pilgern, woher und wohin, das Wetter, die Hütte und die Wege. Nach 45 Min. scheint wieder toll die Sonne. Die Beiden bleiben über Nacht und gehen jetzt im nahen See baden. Für mich geht es weiter. In großen Wellen auf und ab, über Gräben, Bäche, Flüsschen von Horizont zu Horizont mal mehr, mal weniger auf und ab. Die Landschaft – das Fjäll, zu Deutsch: das Gebirge. Steine, Sumpf, Zwergstrauchdickichte von Zwergbirken, -weiden, Wacholder, Heidekraut, u.v.m. Dazwischen schöne

Blümchen, „Schusternägel", so heißen bei uns die Frühjahrs-/ Herbstenziane, Silberwurz (Dryas), usw. Nach Durchqueren eines tiefen, großen Trogtales mit 2 Flussquerungen, die ohne Schuhwechsel gehen, komme ich ca. 18 Uhr zur Svaaletjanka-Schutzhütte. Hier will ich bleiben.

Drinnen macht sich gerade ein junges Pärchen auf, weiterzugehen, folglich übernehme ich die Hütte, hole im nahen See Wasser, fege durch, vespere, baue mein Zelt auf (in den Schutzhütten darf man nur im Notfall übernachten) und jetzt pfeift draußen der Ostwind, mein Zelt trocknet und ich sitze in der Hütte, die, wie alle anderen auch, über ein Notfalltelefon zur nächsten Polizeistation, einen Holzofen einschl. Feuerholz, Tisch und Pritschen verfügt. Warum draußen ins Zelt sitzen, wenn's hier so viel gemütlicher ist. Im weiteren Umfeld stehen noch Zelte, es kommen auch noch welche dazu, aber alle außerhalb der Hörweite. 2 Radler schauen kurz rein, gehen nebenan auf's Plumpsklo und fahren weiter. Ich richte mein Bett in der Hütte. Warum draußen im rauhen Ostwind schlafen? Später regnet es auch noch und das Zelt wird wieder nass.

Von Horizont zu Horizont

Montag, 31.07.2017

Am Morgen wache ich erst 7.20 Uhr auf. Draußen ist es total neblig und saukalt. Nach kurzem Frühstück ziehe ich warm

Im strömenden Regen unterwegs bei strahlend blauem Himmel

angezogen los und habe das Glück, dass mein Sommerwander-weg (i.d.R. nur mit orangener Farbe auf Steinen und so markiert) wie immer mal wieder parallel zum Winterweg verläuft. Der ist mit roten Andreaskreuzen an langen

Stangen markiert, die alle ca. 20 – 50 m in der Landschaft stehen. Die orangenen Markierungen hätte ich heute Morgen in dem dichten Nebel der ersten 2 – 3 Stunden nicht gefunden. Das Wetter ist heute sehr durchwachsen. Sprühregen, Sonne, Regen, kaaaalter Ostwind, warmer Westwind. In einer Schutzhütte mache ich Pause und draußen fängts stark an zu regnen. Ich relaxe ca. ¾ Std, dann ist es wieder hell, nur die Spuren im Pfad sind jetzt mit Wasser gefüllt genauso wie die Moore. Ich stapfe meiner Wege, suche den Pfad, der Weg ist seit „Klinken" schlecht bis gar nicht markiert. Erst gegen 18 Uhr komme ich ins Tal des Tännan.

Oben treffe ich noch ein Paar und frage nach Übernachtungsmöglichkeiten. Sie nennen ein Hotel (sehr teuer) sowie das B&B „Strandgarden". Beim Runterlaufen ärgere ich mich noch über die mit Quads zerfahrenen Wanderwege und, dass ich wohl auf einer MBT-Strecke gelandet bin, die mich gefühlt immer weiter westwärts führt. Aber wie ich die R 84 (Reichsstraße) erreiche, ist gegenüber das Strandgarden. Ich frage nach einem Zimmer, OK, mit Abendessen und Frühstück 650,- SEK. Nehm ich, zumal noch Deutsche im Haus sind. Schnell duschen, 18.30 Uhr Dinner, Christian und Valleri aus Tübingen, ein junges Paar, kommen dazu. Sie machen den Kungsleden von Süden nach Norden, wollen dann nach Trondheim, weiter per Hurtigruten nach Bergen, mit dem Zug nach Oslo, wo Valleri dann anfängt zu studieren. Wir unterhalten uns sehr gut, später auch mit den Wirtsleuten vor knisterndem Kaminfeuer, bei einer Flasche gutem schwarzem Bier (70,- SEK) und schönen vorgelesenen Skandinavien-Märchen, Legenden, Fabeln und Geschichten. Oben ist meine Wäsche mit den nassen Schuhen (der rechte ist wieder durchnass) im Trockenschrank.

Dienstag, 01.8.2017

Nach einem guten, umfangreichen Frühstück geht´s 9.30 Uhr ab. Erst die 3 km auf der R 84, dann ca. 3 km Schotterstraße (wie im Outdoor-Wanderführer beschrieben). Auf dem Schotterweg fahren an die 30 Autos an mir vorbei. Wo die wohl alle hinwollen? Später, am Ende der Straße, ein großer Parkplatz. Da stehen Sie alle und ihre Insassen haben sich in die Landschaft verteilt. Einige stürmen auf die kleinen Gipfel, andere picknicken und manche gehen zum nahen Ufer des Ovansjön um Kanu zu fahren. Dort liegen nämlich Dutzende Leihkanus. Ich gehe dem beschilderten „Sommerweg" nach, verliere die Markierung aber und folge dem Trampelpfad ziemlich nah am Ufer bis fast ans Ende des Sees, wo er so gut wie nicht mehr auszumachen ist, bis zu einer der privaten Hütten die dort stehen und ärgere mich, dass es weit und breit keine Markierung gibt. Bei der Hütte schaue ich auf die Karte und stelle fest, dass auf der gesamten Seelänge Sommer- und Winterwanderweg identisch sind. Gestern habe ich

Christian und Valleri erst erklärt, dass man genau achtgeben muss, wo die Wege parallel und wo separat verlaufen und jetzt habe ich mich über 2 Stunden durch Sumpf und Dickicht gequält und wie ich hinter die Hütte schaue, ist keine 100 m oberhalb die Markierung des Winterwegs zu sehen.

Das ist wohl die Erkenntnis der Tour: Besser darauf achten, was „angezeigt" ist, in dem Fall in den Karten, und nicht anderen die Schuld geben, in dem Fall den Wegmarkierern. Ich hätte besser aufpassen und die Karte richtig lesen müssen. Danach ging es flott entlang der Andreaskreuze und ich war richtig frohen Mutes, konnte schöne Gedanken fassen, geistliche Lieder singen, gehmeditieren und komme so zur Grenze des Naturreservat „Rogen".

Hier eröffnet sich mir ein wahnsinniger Ausblick. Eine Tiefebene, viele eingeschlossene Seen und Wasserläufe innerhalb eines mystisch wirkenden Waldes aus Birken, später Kiefern, umschlossen und durchdrungen von riesigen Blocksteinhalden und Felsenmeeren. Der Weg hindurch ist natürlich äußerst schwierig und furchtbar anstrengend. Aber dank der tollen Markierung (Sommerweg) immer gut zu finden. Zum Wetter: Sonne satt, Bewölkung, Temperatursturz auf max. 10 Grad C mit kaltem NW-Wind, es schüttet 10 – 30 Minuten, Sonne pur, … Das wiederholt sich alle 1,5 bis 2 Stunden. Ich entwickle die Theorie, dass die Sonne die Niederschläge davor aufnimmt und wieder regnen lässt. Mit dem Poncho geht bei diesem Wind nichts, hab ich bereits vor Tagen festgestellt. Also Regenjacke und Beinlinge an und aus, was auch immer Rucksack absetzen bedeutet, Kapuze rauf und runter.

Gegen Mittag scheint wunderbar die Sonne. Die hüft- bis schulterhohen Sträucher sind abgetrocknet. Ich entscheide, weil total verschwitzt, die Beinlinge auszuziehen, wenige 100m weiter, es wird stürmisch, heftiger Regen, also Beinlinge dran. Denn, selbst wenn der Regen aufhört ist alles

Wegweiser am Kungsleden

ringsum nass und die Stoffhose wäre einschl. der Schuhe innen gleich tropf-nass. Folglich bleiben die Beinlinge dran. Es geht ca. 20 km durch den Stein- / Felsensumpf, den Rest von den heutigen 29 km durch Moorsumpf und ein bisschen Fjäll bzw. Straße. Gegen 18.30 Uhr komme ich bei

"Strandbad", Wasser 14 Grad

wieder mal Sonnenschein an einen herrlichen See mit Sandstrand und beschließe zu baden und mich zu waschen und, wenn´s Wetter hält, hier mein Zelt aufzuschlagen. Gewaschen, etwas geschwommen, schon ist´s hinterm Berg wieder schwarz, es wird kalt, sodass ich mich schnell anziehen muss und bei leichtem tröpfeln ziehe ich weiter in eine heftige Regenfront hinein. Nun ist mein Ziel die ca. 5 km entfernte Skadbrodstugan (Hütte des STF). Dorthin unterwegs quert noch ein Rentier mit blauem Halsband meinen Weg.

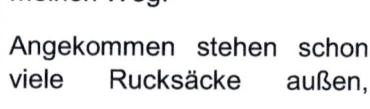

Angekommen stehen schon viele Rucksäcke außen,

sodass ich beschließe, im Zelt zu schlafen da es im Umfeld herrliche Plätzchen dafür gibt. Als mein Zelt steht gehe ich zur Hütte, erstehe vom Hüttenwirt eine Dose Chili con Carne (560 gr) für 65,- SEK, exakt so viel habe ich noch, sitze ins Zelt, es regnet mal wieder, mische mein zerbröseltes Schwarzbrot in die Dose und verspeise den Inhalt kalt aber mit Genuss. Jetzt ist´s schon 22 Uhr. Da es gerade nicht regnet, gehe ich zum See und fülle meine Wasserflasche auf. Unterm Tag habe ich eine große Kette Haselhühner und Dutzende Schneehühner aufgescheucht.

Mittwoch, 02.8.2017

Schlafe gut bis 6.30 Uhr, es tröpfelt. Selbst wenn das Zelt über Nacht getrocknet wäre, ist es jetzt wieder nass. Ich bleib noch ein wenig liegen, da trampeln Rentiere ums Zelt und stolpern über meine Zeltschnüre. Aufstehen, zusammenpacken, 8.45 Uhr weiter. Es geht weiter wie gestern. In erster Linie Steinsumpf, rauf und runter, im Bereich der Baumgrenze. Es wechselt zwischen Birkenbruch und Kiefernheide, beinahe überall Steine, Felsen, Steine, dann Sumpf. Es ist noch anstrengender als gestern, da 1. ich kein so tolles (gar kein) Frühstück hatte und 2. der Rucksack mit Wasservorrat aufgefüllt ist, da die nächste Wasserquelle über 10 km weg ist. Es fängt auch, nach eitel Sonnenschein, wieder an zu regnen. Zur Mittagspause ist´s ringsum blau, die Sonne lacht. Ich wage Hemd und kurze Hose. Kaum aufgebrochen fegt ein kalter Wind daher und es regnet mal wieder – aus blauem Himmel. Regensachen an, weiter. Jetzt sind auch wieder die Trampelspuren, sofern es zwischen den Steinen welche gibt, mit Wasser gefüllt. Die nassen Steine machen das Gehen noch anstrengender. Hier heroben ist es absolut still. Alle paar Stunden mal ein Flugzeug. So stören nur die metallischen Klänge meiner Trekkingstöcke, wenn deren Spitzen auf Stein stoßen, was aber kaum zu verhindern ist in dieser Steinwüste. Ab und an ein Rascheln, ein Rentier, mal 2, … gesamt 7, da höre ich auf zu zählen.
Beinahe am Ende meiner Kräfte komme ich nach 21 km an der Hütte „Rogenstugan" an, nehme ein Bett (400,- SEK mit DJH-Ausweis), kaufe Chili con Carne, Bier, Schokozeug und mache erstmal das Chili warm,

Rogen STF Berghütte, mit Sauna und allem Komfort

Bohlenwege soweit das Auge reicht

danach gibt's das Süsszeug als Nachtisch. Zusammen zahle ich 535,- SEK per VISA beim Hüttenwirt, hier in der Wildnis – WIFI für die VISA-Abrechnung. Im nahen See gehe ich mich waschen. Zum Schwimmen ist es mir zu kalt und der Strand besteht aus taubenei-großem Kies, ohne Schuhe kaum zu begehen. Ich muss zum ersten Mal in der oberen Etage des Stockbettes schlafen, das wird auch noch gehen. Doch nicht, mein Kammergenosse hat das 2. untere Bett mit seinem Zeug belegt und auf Rückfrage kann ich runterziehen. Auf dem Hüttenareal gibt es eine Sauna, die abends eingeheizt wird. Und, da mir selbst mit Kleidung im Schlafsack nicht richtig warm wird, setze ich mich 20 Minuten rein, gieße kalt ab und jetzt ist mir's gut warm. Ich hole mir im Shop noch div. für's Frühstück morgen (110,- SEK).

Donnerstag, 03.08.2017

7.30 Uhr Kaffee machen, Kekse dazu. 8.30 Uhr los bei schönem Wetter. Schon nach 1 Stunde ziehe ich Hosenbeine und Jacke aus. Es geht weiter wie's gestern aufgehört hat. Über Steinrasseln und durch Felsenmeere, dazwischen Sumpf und

Moor, keine 20% wo man sagen könnte, das entspricht annähernd einem Wanderweg. Einmal haut es mich in einer solchen Schotterrassel so richtig toll hin. Passiert ist nichts, fühle mich aber wie ein dicker Käfer auf dem Rücken liegend. Rucksack abschnallen, aufrappeln, „Krönchen richten –

weiter". Schon morgens, da ein Rentier, 2, Dutzende, viele. Ich komme mir vor wie in einem riesigen (Hirsch-) Rentiergatter. Mitten im Moor, 800 mNN, auf dem Plankensteg eine kleine, schwarze Eidechse, Frösche natürlich auch und hier höre ich die ersten schwedischen Kraniche. Ich habe tolle Ausblicke in das Natur-reservat, nach

rückwärts, Zitat Ernst (aus einer Begegnung nach SdC): Do must di umidran un ins Land eini schaun!". Eine echt wahnsinnige Landschaft aber auch furchtbar anstrengend.

Gegen 14.30 Uhr (17km) komme ich zur STF-Hütte: Storrodtjärhstugan: Bei der Hüttenwirtin erstehe ich: 1 Dose Gulasch, 1 Beutel Reis, 1 Bier (115,- SEK), das ich aber nicht bezahlen kann, da ich ja noch nirgends

Schwedische Kronen (SEK) abheben konnte und Karte oder EURO gehen bei ihr nicht. Sie sagt, ich solle in der nächsten Fjällstation bezahlen und gibt nur einen Zettel mit. Ist das nicht super!!! Für die Nutzung der Küche berechnet sie die 100,- SEK auch nicht, da ich ja DJH-Mitglied bin. Ich koche den Reis mit zu viel Wasser, gebe das Gulasch dazu und habe 2 große Teller mit super Mittagessen einschl. Bier; sie hat leider nichts Alkoholfreies

Letzter Zeitplatz am Ufer des Häflingen

mehr. Da auch der Kaffee im Shop aus ist, schenkt sie mir von ihrem eigenen ein Tütchen. Nochmals super und „Vergelt´s Gott".

15.30 Uhr geht´s nach dem Essen wieder super voran und die 10 km zum See Hävlingen schaffe ich in knapp 3 Stunden, finde dort auch schnell einen Zeltplatz, schlage das Zelt grob auf und, bevor mich die Mücken fressen können, bin ich im See baden, waschen, danach einreiben mit norwegischem „Anti-Mück".
Die verschwitzte Kleidung lasse ich am See, wo sich schwarze Mückenwolken darum schlagen, baue mein Zelt fertig auf, richte es ein, Kleider rein, ich dazu damit es mir wieder warm wird, und zu. Handy laden plus einen Akku der Digi-Cam per Powerbank und Tagebuch schreiben. Das

Außenzelt ist soweit „Schnakendicht". Nur Ameisen, die hier auch allgegenwärtig sind, krabbeln rein. Einige versuchen gerade aus den Schnürsenkeln meiner Wanderschuhe Fasern zu ergattern. Die scheinen für sie was Besonderes zu sein. Insgesamt war das wohl der schönste Tag auf dem Kungsleden. Sonne, Bewölkung, kein Regen, Wege wie gehabt, schöner Zelt-, Wasch-, Badeplatz.

Freitag, 04.08.2017

Letzter Wandertag. Seit 3 Uhr regnet es. Dabei hat sich wohl die Außenhaut meines Zeltes verschoben, denn jetzt sind gefühlt hunderte Schnaken zwischen Außen- und Innenzelt und versuchen mit furchtbarem Gesumme ihre Saugrüssel durch den Stoff des Innenzeltes zu bohren. 7 Uhr. Das Aufstehen und packen geht schnell. Alles rausgeschmissen, Heringe gelöst und das ganze patschnasse Zelt mit samt den hunderten Stechtieren zusammengerollt und eingetütet. Hätte ich bis 7.30 Uhr abgewartet wie eigentlich Plan A war, hätt ich wenigstens das Zelt ohne Regen abbauen können. 8.15 Uhr los. Erkenntnis des Tages: Plan A ist immer der Richtige, Plan B erst nach Zeitablauf von A in Erwägung ziehen. Es geht durch die Block-/ Fels-/ Steinschutthänge auf wassertriefenden Pfaden hinauf auf die kahlen Höhen, wieder von Horizont zu Horizont, in durchnassen, voll Wasser stehenden Pfaden und bei eisigem Nord-Ostwind – Gott sei Dank mehr von hinten links. Meine Schuhe sind seit 9 Uhr durch und ich schwimme darin herum, spüre dabei ob`s aufwärts oder ab geht, dementsprechend läuft das Wasser nach vorne oder nach hinten. Wahrscheinlich läuft das meiste Wasser von den Beinen der Regenhose ab und über die vordere Schnürung in die Schuhe, wo diese allerdings laut? Goretex dicht sein sollen. Evtl. diffundiert Wasser auch entlang des Innenfutters hinein, da wahrscheinlich keine „Dampfsperre" zwischen innen und Außenfutter eingebaut ist. Zuhause bespreche ich das Problem mit meinem Händler (Anmerkung: und erhalte ein paar neue Schuhe des gleichen Modells). Begegne einem Wanderer, 2 überholen mich (das erste Mal seh ich jemand in meiner Richtung), es geht schwer voran.

Ein steiler, heftiger Abstieg bringt mich zur Fjällstation „Grövensjön", wo ich gerade noch das letzte Zimmer erhasche. Später sehe ich auf einem Plan, dass es auf dem Gelände noch eine Wandererhütte gibt, aber jetzt bleibe ich. Die Fjällstation ist eher ein Berghotel als eine Wanderherberge. Zahle ich doch für das Bett 960,- SEK, und dann gibt´s hier viele Urlauber, auch Deutsche, Familien, deren Kinder im ärgsten Regen gelüftet, geschaukelt, usw. werden. Meine Schuhe stehen im Trockenraum; ob die wohl bis Morgen trocken sind? Was soll´s, wenn nicht. Zelt u.a. Equipment sind auch triefnass im Rucksack verstaut. An der Station kommen und gehen Wanderer. Ein Junge, vielleicht 20, wird gerade von seinen Eltern verabschiedet und sticht mit teilweise ungeschützter Ausrüstung hinaus in den Regen. Per Bus kommt einer, der hat alles auf einer Art „Outdoor-Rollator", 3 rädrig, und auch noch einen großen Hund dabei. Wie der hier die Wege meistern will, kann ich mir nicht vorstellen, falls er so welche geht, wie ich gekommen bin.

Nachdem ich die Lage für die nächsten 8 Tage auf dem Kungsleden gecheckt habe ist meine Entscheidung, hier aufzuhören, endgültig, denn: 1. Für die ganze Zeit gibt es weder Übernachtungsmöglichkeiten in Hütten noch die Chance, Lebensmittel zu erstehen. Und hier in der Station haben sie nur transportable Vorräte auf Trockenbasis, die vor Verzehr gekocht werden müssen. Einen Kocher mit Zubehör habe ich nicht dabei. Außerdem soll es mindestens die kommenden 7 Tage weiter ergiebig regnen und kälter werden, und das im Zelt. Der Weg verläuft mit wenigen Ausnahmen unterhalb der Baumgrenze durch Kiefernforste mit Sumpf- und Zwergstrauchheiden, rauf und runter. Nach Aussagen von Einheimischen der schlechteste „Schwedensommer" seit vieler Leute Gedenken, was sich auch auf die Mückenplage bezieht. Gefühlt nehmen die mit jedem Höhenmeter abwärts exponentiell zu und mein Mückenmittel sowie die Hirschtalksalbe für die Füße sind leer.

Auch ist die Gegend berühmt für ihre wilden Tiere; auf Begegnungen mit vorkommenden
Bären, Wölfen, Vielfraßen habe ich keine Lust, höchstens aus sicherer Entfernung zum Fotografieren. Es gibt keine Wasch- und Trocknungsge-legenheiten mehr für Schuhe / Kleidung, und die stickt jetzt schon. Folglich fällt die Entscheidung: Auf direktem Weg nach Hause.

Grövelsjön STF Fjällstadion

Übers WLAN des Hauses buche ich den Rückflug und die Bahnfahrt in Deutschland. Bus und Zug in Schweden gehen leider nicht. Meine VISA-Karte braucht dafür eine andere Verifizierung. „Scheiße", weil ich extra bei der VOBA danach gefragt hatte. Den Bus von hier weg zum nächsten Bahnhof kann ich per VISA direkt beim Fahrer bezahlen. Die nordischen Länder sind uns halt digital bei weitem voraus. Die Bahnfahrkarte nach Stockholm werd ich am Bahnhof kriegen, verpasse dadurch allerdings sehr wahrscheinlich den direkten Anschlusszug. Beim Nächsten muss ich einmal umsteigen. Jetzt bin ich bis hierher super gekommen, werde ich den Rest wohl auch noch schaffen. Ich kaufe mir im Shop 4 Eier, 100 gr. Schinken, 1

Dose Ravioli, O-Saft, bezahle meine Schulden vom vorletzten Tag auf der Hütte und bereite mir ein Abendessen. Der Tag / Abend wird lange, wenn das Wandern schon 13.30 Uhr vorbei ist.

Samstag, 05.08.2017 Rückreise, Tag 1

Schlafe ganz gut, träume Unsinn von Erdogan … wache wieder gegen 6 Uhr auf, packe – meine Wanderschuhe sind immer noch nicht trocken (sie werden Zuhause noch zwei Tage dafür brauchen). 7.30 Uhr gibt's Frühstücksbuffet (110,- SEK). Ich genieße guten Kaffee, Marmelade, Eier, usw. 8.30 Uhr kommt der große Bus, zahle per Card und es geht im Regen ab gen Mora. Unterwegs, Rentiere auf der Straße, wegen eines kapitalen Bocks stehen wir sogar eine ganze Weile bis er sich trollt und neben dem Bus weitertrottet. Kraniche stehend im Sumpf, vom Bus aus im Vorbeifahren zu sehen. Es geht durch scheußliche Kiefern- / Fichtenstangenwälder (-forsten) mit Kahlschlag- / Aufpflanzverjüngung, ab und an schöne Seen, Flüsse, Landschaftsausblicke, immer durch die regennassen Scheiben. Im Bus „WIFI ombord" ich bekomme allerdings keine Internetverbindung. Im Bus sitzend fühle ich mich sehr wohl und gut, dass ich es so gemacht habe.

Der Bus kommt pünktlich an, 12.01 Uhr – kein Fahrkartenschalter, am Automat schaffe ich es beim 2. Versuch eine Fahrkarte zu lösen, einschl. Sitzplatzreservierung (ohne kann man in Schweden nicht Zug fahren) und erreiche so noch den ICE 12.24 Uhr direkt nach Stockholm (515,- SEK). Die vorbeiziehende Landschaft gleicht der von der Busfahrt. Forste, kein Baum dicker als 30 cm, Regen – ein Wetter wie letztes Jahr auf dem JW durch die Schweiz, große Seen mit schönen Seebrücken (vgl. mit Ostseeorten), viele, viele Häuser meist im „Schwedenrot". Fahrkartenkontrolle – alles gut! In der Landschaft kommt landwirtschaftliche Nutzung in Sicht, Wiese, Äcker, Höfe, dann schöne Parks, Sport- und Grünanlagen, Bade- und Campingplätze, Seebäder - alles menschenleer, einzelne Personen im Ostfriesennerz oder mit Schirm, meist mit Hund, der muss halt raus, auch bei solchem „Hundewetter".Seit 8 Tagen in Schweden habe ich kein schwedisches Bargeld und komme mit Kreditkarte und „Vertrauen" überall durch.

Wenn ich so aus dem Zug schaue bereue ich, meinen Regenhut ins nasse Zeug im Rucksack gestopft zu haben. Evtl. fehlt er mir in Stockholm, wenn´s dort auch so regnet. Wieder ertappt = negative Gedanken. Besser: „es wird trocken sein beim Aussteigen". Erkenntnis: Das mit den/m negativen Gedanken/Denken muss ich noch wegkriegen. Fast immer, vor allem in der Vorausschau, kommen diese automatisch. Und wenn ich jetzt rausschaue ist´s schon heller. Ab Borlänge große Felder und Wiesen, die Landschaft ist eben, viel Bebauung, größere Ansiedlungen und Städtchen. Im ICE kommen i.d.R. nur Ansagen auf Schwedisch.

Eine Ansage in Englisch: „Next stop: Arlanda Airport". Ich steige hier aus (16 Uhr), warum noch in die Stadt und gegen Geld wieder rausfahren? Doch die Kontrolleure der SJ (Staatsbahn) lassen mich nicht vom Bahngelände in den Flughafen. Meine Fahrkarte ist bis „Centralstation". Ich könne nur dort aussteigen. Ich muss dringend pinkeln. Nicht mal dafür gibt´s jetzt ein Plätzchen. Gehe zum Gleis zurück und fahre quasi schwarz (die Fahrkarte war ja für den ICE) mit einem Regionalzug noch 40 Min. zum Hbh. Im Zug – kein WC. Am Bahnhof: WC offline, WC – superlange Schlange davor, nächstes: 10 Kronen-Münze für den Eintritt. Habe bis dato noch kein schwedisches Bargeld benötigt. Eine Wechselstube finde ich auf die Schnelle auch nicht. Keine Chance auf ein Klo zu kommen. Auf zum Busterminal der Flybusse; die Bahn soll an mir nichts mehr verdienen. Im Bus – kein Klo. 18 Uhr am Flugplatz. Jetzt mache ich ganz gemütlich Toilettenzeit.

Danach suche ich den richtigen Schalter. Der Herr dahinter spricht deutsch. Eine Wohltat, muss ich doch den Rucksack wo anders einchecken, erledigt, einschl. Bordkarte. Ich habe noch Schlafsack, Luma, Pulli und Fleecejacke im Säckchen, gehe essen: Steak mit Pommes, Salat, 2 Sprite. Zum Nachtisch noch ein großes, supergutes Eis (55,- SEK) – ich glaube, das Erste seit 4 Wochen. Probiere verschiedene Schlafplätze aus: Kapelle – schließt um 22 Uhr, am Check In der SAS-Fluglinie – eine Rolltreppe kracht wie wild, Ankunftsterminal – zu viele Leute, beim „Kleinen-Jungen-Denkmal" auf einer Steinbank = gut.

Sonntag, 06.08.2017 Rückreise Tag 2

- Kontrolle, - Gate. – Souvenirs kaufen (Rentier- und Elchfleisch), einchecken, 9 Uhr Abflug – draußen regnet es in Strömen, 11.15 Uhr Ankunft Frankfurt a.M., 11.35 Uhr hab ich den Rucksack, könnte noch für den ICE 11.52 Uhr reichen. Am Fernbahnhof: Der Zug hat laut Anzeige 25 Minuten Verspätung. Er kommt, alles steigt ein, aber der fährt nicht ab. Nach zig Minuten die Durchsage: Wegen eines Personenschadens auf der Strecke Fankfurt – Mannheim können wir nicht losfahren. Später: Unser Zug wird umgeleitet über Darmstadt. Inzwischen gibt es Gespräche zwischen „Leidensgenossen – Fahrgästen".

Da ist ein Ehepaar, kommt aus Los Angeles und will nach Stuttgart. Eine iranische Frau aus Schweden will nach HD Hbf. Also nehme ich sie ins Schlepptau. In Mannheim, der Regionalexpress ist weg. Zum Abfahrtsplan, eine S-Bahn fährt gleich, wir hin, die Bahn wartet tatsächlich auf die ICE-Gäste, Abfahrt, HD, die schwedische Iranerin steigt aus. Zuvor male ich ihr noch eine Skizze, wie sie zu Fuß dort an ihr Ziel kommt (Mister Google macht´s möglich). 15.04 Uhr bin ich in Mosbach, gehe heim, Jan ist noch da - alles gut.

Letzte Nacht in Schweden am Stockholm Airport

Rucksackgewicht am Flugplatz:16,5 kg, unterwegs max. + 2,5 ltr. Wasser, ca. 1 kg Lebensmittel = 20 kg.

Fazit der Pilger-Wanderung:

Der bisher eindeutig schwierigste und anstrengendste aber wohl auch insgesamt der schönste Weg.

Nach 700 km hat´s mir diesmal (2017) gereicht.

Die Wege waren 100mal besser markiert als 2014.

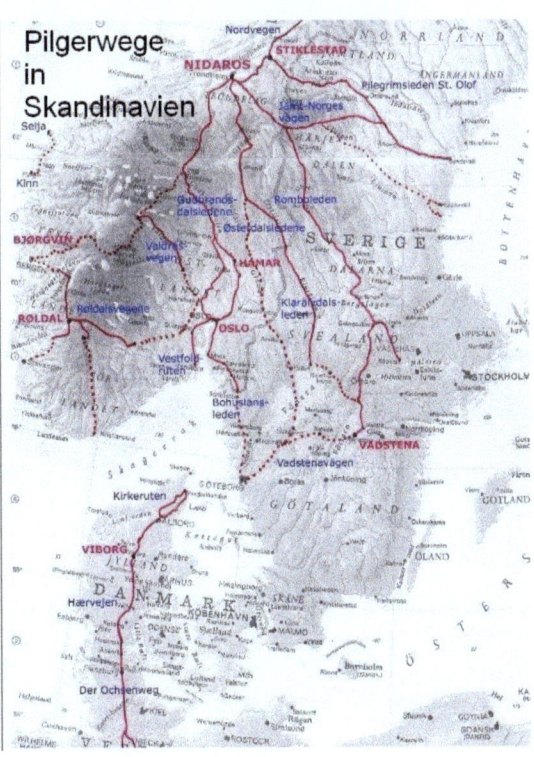

Pilgerwege in Skandinavien

Meine bisherigen Pilgerwanderungen:

■■ 2009: Mosbach (Baden-Württemberg) -> Santiago de Compostella

■■ 2014 und 2017: Hamburg -> Trondheim (Norwegen) und weiter ->

■■ 2016: Konstanz am Bodensee -> Lausanne (Schweiz) -> Rom

Weitere Tagebücher meiner Pilgerwanderungen:

Mosbach - Santiago de Compostella

2011: „2500 km zu Fuß auf dem Jakobsweg"

ISBN: 978-3-84821-170-8

2021: „1500 km zu Fuß auf Pilgerwegen nach Rom"

ISNB: 978-3-7528-9879-8